Gisbert Greshake

Hören auf den Ruf

W0224257

topos taschenbücher, Band 819
Eine Produktion des Echter Verlags

Gisbert Greshake

Hören auf den Ruf

und geistliches Unterscheiden

topos taschenbücher

Verlagsgemeinschaft topos plus
Butzon & Bercker, Kevelaer
Don Bosco, München
Echter, Würzburg
Lahn-Verlag, Kevelaer
Matthias Grünewald Verlag, Ostfildern
Paulusverlag, Freiburg (Schweiz)
Verlag Friedrich Pustet, Regensburg
Tyrolia, Innsbruck

Eine Initiative der Verlagsgruppe engagement

Bibliografische Information der Deutschen Nationalbibliothek
Die Deutsche Nationalbibliothek verzeichnet diese Publikation in der Deutschen Nationalbibliografie; detaillierte bibliografische Daten sind im Internet über http://dnb.d-nb.de abrufbar.

2012 Verlagsgemeinschaft **topos** plus, Kevelaer
Das © und die inhaltliche Verantwortung liegen beim
Echter-Verlag, Würzburg

Kein Teil des Werkes darf in irgendeiner Form ohne schriftliche Genehmigung des Verlages reproduziert, vervielfältigt oder verbreitet werden.

Einband- und Reihengestaltung | Finken & Bumiller, Stuttgart
Herstellung | Friedrich Pustet, Regensburg
Printed in Germany

Topos-ISBN: 978-3-8367-0819-7
www.toposplus.de

Inhalt

Vorwort

Vor fast 30 Jahren veröffentlichte ich ein Büchlein mit dem Titel „Gottes Willen tun. Gehorsam und geistliche Unterscheidung". Nach zwei Auflagen war dies schnell vergriffen. In den letzten Jahren wurde ich häufig gefragt, ob nicht eine Neuauflage möglich sei, weil man besonders die darin angeführten Überlegungen zur geistlichen Unterscheidung und die Zusammenstellung von Unterscheidungskriterien als hilfreich empfand.

Mit dieser Veröffentlichung komme ich der Anfrage auf eine etwas andere Weise nach. Es handelt sich hierbei nicht einfach um eine Neuauflage der damaligen Publikation, sondern zugleich auch um eine neue Sicht des vor Jahren behandelten Themas. Standen damals die Ausführungen zur geistlichen Unterscheidung im Zusammenhang der Frage nach der Erfüllung des Willens Gottes, also nach dem Gehorsam, so behandelt die vorliegende Schrift das gleiche Thema vorwiegend aus der Perspektive der *Berufung des Menschen und seiner Antwort auf Gottes Ruf*.[1] Während auf diese Weise die Behandlung des Gehorsams mehr in den Hintergrund rückte, erhielten die Darlegungen über Unterscheidung und Unterscheidungskriterien einen erweiterten Umfang und ein größeres Gewicht. So entstand bei aller Anknüpfung an die damalige Publikation doch ein anderes Büchlein, dessen Neuheit auch der neue Titel zum Ausdruck bringt.

Wenn – wie der Glaube bekennt – Gott den Menschen, *jeden* Menschen, wirklich anspricht und anruft, so muss sich, wenn dies ernst gemeint ist, sein Wort auch vom Wort der Menschen und von selbstproduzierten inneren Stimmen unterscheiden lassen. Für diese Unterscheidung möchte diese Schrift geistliche Hilfen anbieten.

Gisbert Greshake

31. Juli 2012
am Fest des hl. Ignatius v. Loyola

Der Ruf Gottes

Der Mensch auf der Suche nach sich selbst

Wer bin ich, wer will ich sein? Wer kann ich, wer muss ich sein? An solchen Fragen kommt letztlich niemand vorbei. Denn wir alle treffen immerfort Entscheidungen, große und kleine. Und bei jeder Entscheidung stellt sich immer auch die Frage: Woraufhin entscheide ich dies oder jenes, was will ich damit erreichen, auf was hin zielt das ab? Mag es bei vielen Entscheidungen auch vordergründig um Sachfragen gehen: Da, wo Wichtiges auf dem Spiel steht, stellt sich immer auch das Problem der eigenen Identität. Wenn ich mich für diesen oder jenen Beruf entscheide, für diese oder jene Partnerschaft, für diesen oder jenen Lebensstil: Bin ich da „ich selbst"? Bleibe ich mir da treu? Treffe ich damit das, was ich als Inhalt und Ziel meines Lebens angepeilt hatte oder anpeile? Kurz: Gelingt damit und darin mein Leben, finde ich auf diese Weise mein Glück?

Diese Frage nach der eigenen Identität stellt sich heute in einer gegenüber früher zugespitzten Weise. Denn jahrhunderte-, ja jahrtausendelang waren Grundlinien des eigenen Lebensplans und -ablaufs vorgegeben. Wohnort und gesellschaftliches Umfeld, kulturelle Prägung und religiöse Orientierung, Beruf und Partnerschaft unterlagen größtenteils nicht der eigenen Entscheidung. So war der Raum persönlicher Freiheit eng und eingeschränkt. Die eigene Biographie verlief weithin in vorgezeichneten Bahnen. Dies alles hat sich im Laufe der letzten Jahrzehnte grundsätzlich verändert. Das Projekt der Neuzeit, die Entdeckung und Verwirklichung des je einmaligen Subjekts mit seiner unableitbaren Freiheit, hat sich mehr und mehr durchgesetzt. Damit ist die eigene Biographie vorrangig „als Aufgabe in das Entscheiden und Handeln des Individuums verlagert"[2]. Auf allen Lebensgebieten gibt es so viele Entscheidungsmöglichkeiten wie nie zuvor. Diese

Entscheidungsmöglichkeiten sind aber zugleich auch Entscheidungszwänge: Ich *muss* ständig aus einer Fülle von Möglichkeiten auswählen. Meine Biographie wird damit zu einer Wahlbiographie. „Jeder und jede einzelne muss nun selbst dafür sorgen, aus dem eigenen Leben doch ein Ganzes werden zu lassen. Wenn dies nicht gelingt, wird aus der Wahlbiographie eine Bruchbiographie", formuliert zu Recht Eva-Maria Faber.[3] In diesem Sinn ist der heutige Mensch – so eine Reihe von Soziologen im Anschluss an Jean-Paul Sartre – „zur Individualisierung verdammt". Dabei geschieht die Entscheidung zum Selbstsein nicht durch eine einzige Grundwahl, die dann alle Bereiche des Lebens durchdringt und zu einer stabilen Identität führt, sondern durch eine ganze Reihe von höchst unterschiedlichen, ja sogar widersprüchlichen Entscheidungen und Wahlen, Wahlen in einem unabsehbaren Plural. Denn – so noch einmal Faber –: „die Menschen, die ihre eigene Biographie selbst gestalten, stehen in sehr verschiedenen Lebenswelten, da die Gesellschaft in verschiedene Bereiche zerfällt, die immer weniger miteinander zu tun haben. Die Berufswelt ist anders als die Welt der Familie, oft auch anders als die Welt des Heimatortes, dazu kommen die verschiedenen Freizeitwelten. Es gibt verschiedene Zugehörigkeiten, die ganz unterschiedliche Ansprüche stellen: der eine Verein so, der andere anders, und es gibt immer weniger Verbindendes."

Es kommt noch hinzu, dass diese Vielfalt und gelegentlich sogar innere Widersprüchlichkeit der geforderten Entscheidungen meist nicht zu einer stabilen Identität führt, sondern unter dem Vorbehalt einer ständigen Flexibilität steht. Die heutige Berufs- und Arbeitswelt, das Konfrontiertwerden mit immer neuen und anderen Menschen, Situationen und Lebensgestalten, die verbreitete Labilität eingegangener Partnerschaften – all das drängt heute dazu, Flexibilität und nicht Stabilität zur Grundoption zu erklären.

Damit in dieser komplexen Lage eine verantwortete, wahrhaft persönliche Gestaltung des eigenen Lebensweges gelingt, bedarf es einer starken inneren Mitte, welche die Vielzahl der Entscheidungsmöglichkeiten und -zwänge integrieren und sie – bei aller notwendigen Flexibilität – auf eine stabile Lebensgestalt hin orientieren kann. Denn es ist nicht mehr wie früher, wo es für die (ohnehin eingeschränkte) Wahl zur eigenen Lebensgestaltung überlieferte, allseits anerkannte Leitlinien gab.

Viele, vor allem junge Menschen werden mit der Herausforderung ihrer Freiheit angesichts der unabsehbaren Wahlmöglichkeiten nicht fertig. Sie wissen nicht, wie und wohin sie sich orientieren sollen, und haben Angst, in allzu klaren und eindeutigen Entscheidungen für „dieses Bestimmte" andere Lebensdimensionen zu verpassen. So lassen sie sich nicht selten „entweder nur treiben bzw. von außen steuern, oder aber ihre einzelnen Wahlakte haben lediglich ‚pointillistischen' Charakter, werden nach aktuellem Befinden getroffen und können immer wieder revidiert werden"[4]. Man verschreibt sich unkritisch einer bestimmten Gruppe oder wählt das jeweils Bequemere; oder man passt sich den lautesten Stimmen an, dem, was „man" so tut und was „so üblich" ist. Nicht wenige folgen dabei den derzeit verführerischsten Lockrufen unserer Gesellschaft: Suche das und wähle das, was am meisten Spaß macht, Erlebnisse verspricht, „wellness" vermittelt![5] Wieder andere suchen ihr Glück im Einsatz für andere: für Arme, Kranke und Pflegebedürftige, für eine gerechtere Welt, für die Erhaltung der Schöpfung, für Frieden und Solidarität. So gibt es viele Lebensentwürfe und Zielvorstellungen für ein geglücktes, glückliches Leben, banale und großartige und nicht wenige, die zwischen beidem hin und her oszillieren. Bei allen aber stellt sich die Frage: Was gibt im ständig variierenden Strudel von Entscheidungsmöglichkeiten und -zwängen dem Leben Kontinuität und damit eine sichere Identität? Wie kann ich wirklich „ich selbst" werden? Wo gibt es so etwas wie eine „Garantie" oder besser: eine glaubwürdige Zusage und Verheißung, dass mein Leben gelingt?

Der biblisch-christliche Glaube gibt auf diese Frage kurz und bündig die Antwort: Mein Leben glückt dann, wenn es sich vor Augen hält, dass ich als unverwechselbar einzigartiger von Gott ausgedacht, gewollt und ins Dasein gerufen bin. Damit erfahre ich mich als jemand, der ganz persönlich vor Gottes Antlitz steht, von ihm gerufen, in Dienst genommen und zur Sendung beauftragt ist. Wenn das nicht eine starke Identität in der Flut der mich herausfordernden Entscheidungsoptionen gibt! Ich bin und werde also „ich selbst", wenn ich meiner persönlichen Berufung, wie sie mir von Gott her zukommt, folge. Bei meinen Entscheidungen ist darauf zu hören, wo Gott mich hinstellen möchte, wo und wie ich meine Begabungen, meine Charismen, meine Eigenheiten, wie ich sie von Gott empfangen habe, entfalten und zum Einsatz bringen kann. Diese Antwort des Glaubens ist tief in die Heilige Schrift eingeschrieben.

Vom Wesen des Rufes

Am Anfang der Heiligen Schrift, im sogenannten ersten Schöpfungsbericht (Gen 1), heißt es, dass Gott durch sein Wort alles ins Dasein gerufen hat. Alles Geschaffene verdankt also seine Existenz dem göttlichen Ruf, der aus dem Nichts geschöpfliches Sein hervorbringt. Diese Schöpfung aus dem Nichts war und ist nicht etwas Einmalig-Vergangenes: Immerfort hält Gott die Schöpfung durch sein Wort im Dasein, immerfort schafft er durch sein Wort aus dem Nichts Neues. Das spiegelt sich auch in den Berufungsgeschichten der Heiligen Schrift wider. Sie erzählen davon, dass stets neu der Ruf Gottes an die Menschen ergeht und zwar so, dass diese zu etwas gerufen werden, was sie aus sich heraus nicht vermögen: Sie können weder diesen Ruf selbst „machen" noch ihm aus eigener Kraft folgen. Erst durch das Wort Gottes kommen sie in Bewegung, werden sie zu Neuem hin angetrieben. So verdankt sich alles dem rufenden Wort Gottes, die ganze

Schöpfung! Der Mensch allein aber ist dazu befähigt, auf Gottes Wort in Freiheit Ant-Wort zu geben.

So wird es anschaulich in der sogenannten Paradiesesgeschichte dargestellt: Gott wendet sich Adam zu und ruft: „Wo bist du?“ (Gen 3,8). Damit wird Adam vor Gottes Angesicht, in seine unmittelbare Gegenwart, gerufen, um Gottes Wort zu hören und ihm zu entsprechen. Gottes Ruf ist also ausgerichtet auf die Antwort des Angerufenen. Deshalb vollzieht Menschsein sich wesentlich im Antwortgeben, im Dialog mit Gott. Dies ist geradezu das Urdatum des biblisch-christlichen Menschenbildes. Der Mensch steht nicht fertig in sich da, sondern ist ein Beziehungswesen, ein „Geschehen“ von Konstitution durch das Wort Gottes und respondierender Antwort. Mein Ich *ist* dadurch, dass es von Gott als Du gerufen ist – „Du, mein Geschöpf!“ –, und der Grundakt des Menschen besteht darin, dass das Ich sich zum Du zurückbiegt – „Du, mein Gott!“

Martin Luther fasst diese tiefe Wahrheit über den Menschen in dem schönen Wort zusammen „Nos extra nos esse“ – frei übersetzt: „Unser Sein ist so beschaffen, dass es außerhalb von uns begründet ist.“ Anders gesagt: Unser tiefstes und wahres Wesen ist ex-zentrisch. Wahres Leben, Identität und Glück finden wir nicht, indem wir bei uns im „Ego-Zentrum“ bleiben, sondern heraustreten in Beziehung, ja dass wir *als Beziehung* leben, als Antwort auf das uns bestimmende Wort Gottes.

Diese Aussagen des Glaubens sind nicht auf die „Binnenwelt“ des Glaubens beschränkt, sie öffnen auch den Blick für allgemein-menschliche Erfahrungen und lassen sich von diesen her auch, wenigstens ansatzweise, plausibel machen.

Schon das neugeborene Kind kommt nicht wirklich „zur Welt“ und erreicht nie seine personale Reife, wenn es nicht „von außen“ angenommen, angelächelt, angesprochen wird und sich in diese liebende Annahme hineinfallen lassen kann. Damit ist von Anfang an deutlich: Nicht aus eigenem Können findet der Mensch sein wahres Selbst, sondern nur wenn andere zu ihm in Beziehung treten und er aus sich heraustritt und vertrauensvoll in die ihm eröffnete Beziehung eingeht. Menschsein und Menschwerden haben so vom ersten Augenblick an ihren Ort nicht in einsamer Selbstbeziehung, in einem geschlossenen Kreis, in dem das Ich immer nur sich gegenübersteht und – in verzweifelter Selbstsuche auf sich starrend – alles andere und alle anderen in diesen Zirkel hineinzuziehen sucht. Wahrhaft menschliches Leben ist nur möglich, wenn das erstickende Kreisen des Ich um sich selbst im Hören und Vernehmen einer „Außeninstanz" aufgebrochen wird und das Ich sich diesem „geben" kann, um sich von ihm her neu zu „empfangen". „Alles Sein ist Mitsein", sagt Paul Claudel prägnant.[6] Solches „Mitsein" von Personen aber spielt sich ab im gegenseitigen Hören und Antworten, Empfangen und Geben.

Dieses Grundgesetz des Menschseins nimmt zwar auf den verschiedenen Lebensstufen eine je unterschiedliche Gestalt an – so ist das infantil-unbewusste Geschehen am Lebensbeginn anders als die bewusste und freigewollte personale Beziehung, in die der erwachsene Mensch einzutreten vermag –, aber die Struktur dieses Geschehens hält sich durch. Der Psychotherapeut Tobias Brocher beschreibt diese Struktur der Identitätsgewinnung so: Die Fähigkeit, „sich selbst an den Anderen und in sein Wesen völlig zu verlieren, ermöglicht es im Grunde auch erst, sich selbst zu finden"[7]. Am deutlichsten ist dies an der reifen personalen Liebesbeziehung ablesbar. Wenn zwei Menschen einander lieben, so treten sie buchstäblich aus sich heraus und sprechen in einem Akt der Selbstentäußerung und Lebensübereignung zueinander: „Ich bin für dich da!", besser: „Wir sind füreinander da!" Der Liebende will nicht für sich leben, sich selbst suchen, sein Glück allein besorgen. Er erwartet alles vom anderen (so wie der andere alles von ihm erwartet). Liebe besteht buchstäblich im Aus-Tausch: Jeder gibt sich dem anderen hin und empfängt sich vom anderen her. Jeder ist dem anderen Leben, Glück, Erfüllung.

In solchen und ähnlichen menschlichen Erfahrungen zeigt sich etwas von der Urwahrheit des Wesens Mensch: Er ist zwar einzigartige und selbstzweckliche Person und besitzt die Würde der Freiheit und des Selbstandes. Aber er verwirklicht sein Personsein nur, wenn er es als Relation-Sein versteht, das heißt: wenn er sein Leben in Beziehung vom andern her – auf den andern hin lebt, wenn er – in der Sprache der Heiligen Schrift – „sein Leben verliert, um es zu gewinnen" (vgl. Mt 10,39). Freiheit und Selbstand sind umso größer, je mehr einer sich – in Freiheit! – auf einen anderen hin loslässt, sich ihm hin-gibt und die damit gegebenen Bindungen übernimmt.

Damit ist ebenso schon angedeutet, was vom derzeitigen, auch bei vielen gläubigen Menschen hoch im Kurs stehenden Leitwort „Selbstverwirklichung" zu halten ist.[8] Zunächst einmal teilt es das Schicksal jedes Modeworts: Es ist zutiefst vieldeutig. Wenn mit Selbstverwirklichung gemeint sein soll, dass ich als der von Gott „Bei-seinem-Namen-Gerufene" und darum unverwechselbare Eine meinen einzigartigen Weg gehen muss, so ist damit eine tiefe Wahrheit des Glaubens angepeilt: Ich soll tatsächlich den mir von Gott bereiteten, ganz persönlichen Weg gehen und darin seinem Ruf entsprechen. Doch ist damit die Frage noch offen: Auf welche Weise? Indem ich bei mir bleibe und alles in den Kreis meiner Selbstsuche einbeziehe oder indem ich gerade von mir ab-sehe, weg-höre, mein „Leben verliere" (um es zu gewinnen)?

Ein Vergleich kann diese doppelte Möglichkeit illustrieren: Das Ohr verwirklicht sich selbst darin, dass es dem Ganzen des Organismus dient, das heißt, dass es sich ins Weite ausspannt und die Stimme der Wirklichkeit wahrnimmt. Im lauschenden, selbstvergessenden „Weg-hören" auf das Begegnende und Zukommende ist das Gehör ganz es selbst. Wo es sich dagegen auf sich selbst richtet und sich ausschließlich oder vorwiegend nur selbst hört – etwa beim Phänomen des Tinnitus – ist es krank; es verstellt die Stimme der Außenwelt und verwirklicht so gerade nicht sich selbst. Nur in der

„Selbstvergessenheit" (biblisch: im „Verlieren des Lebens") wird es mit sich identisch („gewinnt es sich").

Ein anderes Bild: Wer bei jedem Schritt, den er tut, auf seine Füße starrt und über das eigene Ausschreiten reflektiert, wird unsicher und stolpert. Wer dagegen von sich weg auf das Ziel blickt, vermag wie selbstverständlich voranzugehen. Das gilt auch vom Menschen, der vor Gott seinen eigenen Weg sucht. „Sowenig der Nachfolgende sich darum kümmern darf, was er essen und trinken, was er anziehen wird (Mt 6,31), sowenig soll er sich um die religiöse Kosmetik seines Ich kümmern"[9], ja sein Ich ins direkte Visier nehmen. Denn die ersehnte Selbstverwirklichung wird gerade dort erreicht, wo man sein (egozentrisches) Ich lassen kann und in der Relation zu Gott und zu den Menschen, also zum „anderen", wahrhaft „allgemein" wird.

Der/das andere kann der/das Nächste und Fernste sein, die mitmenschliche Gemeinschaft oder auch sachliche Aufgaben in ihrem Dienst. Letztlich aber weisen die vielfältigen, aus der Erfahrung bekannten Möglichkeiten, zum andern in Beziehung zu treten, auf einen tiefsten Grund, auf Gott, hin. Denn wenn auch jede wahre menschliche Liebe mit Lebensübereignung zu tun hat, so kann doch kein Mensch und keine Aufgabe letzter Bezugspunkt einer völligen und bedingungslosen Hingabe sein. Nichts Geschaffenes „verdient" es und kann es „ertragen", dass ich ihm Leben, Existenz und Freiheit, Hoffnungen und Sehnsüchte, alles, was ich bin und sein will, vorbehaltlos übergebe und von ihm her empfange.

Von solchen Beobachtungen und Überlegungen her erhält die biblische Grundüberzeugung, dass der Mensch vom Ruf Gottes her lebt, leben darf und leben soll, seine Plausibilität: Ganz Relation-Sein kann der Mensch nur in der Beziehung zu Gott. Er ist der, von dem her und auf den hin das Person-Sein definitiv zu gewinnen ist. Freiheit und Selbstand gibt es nur in dem Maß, wie das Geschöpf in Freiheit auf Gottes Ruf hört, sich ihm übereignet und sich an ihn bindet.

Damit ist aber nicht etwa nur ein trautes, unmittelbares tête-à-tête des Einzelnen mit seinem Gott gemeint. Denn Gott ist nicht ein abstraktes höchstes X, sondern der „Immanuel", der „Gott der Menschen". Das eigene Leben in die Beziehung zu ihm einbringen und sich an ihn binden heißt darum notwendig auch und mit gleichem Gewicht, sein Leben in Beziehung zu den Menschenbrüdern und -schwestern führen, Proexistenz für sie sein, in ihrem Dienst stehen. Kurz: die Antwort auf den Ruf Gottes ist konkret vermittelt durch das Horchen auf die Anliegen und Nöte der anderen und die von sich selbst absehende Hinwendung zum Nächsten.

Gerufenwerden zum Aufbruch auf die anderen hin! Auch das ist sehr schön in der Heiligen Schrift ausgesagt, wenn es im ersten ausdrücklich bezeugten biblischen Berufungswort, das sich an Abraham richtet, heißt: Zieh heraus, zieh fort aus der angestammten Welt, aus deinem Zuhause, wo du ganz bei dir bist! (vgl. Gen 12,1 f). Abraham muss aufbrechen und sich auf einen Weg machen, auf welchem er in immer neue Beziehungen nicht nur zu Gott, sondern auch zu den Menschen tritt. Dieser Ruf Gottes ist nichts Einmaliges, Abraham muss jeden Tag aufs Neue auf den Ruf hören. Er weiß ja nicht, wohin die Reise geht, wohin der Weg führt, auf den Gott ihn herausruft. „Er zog weg", heißt es im Hebräerbrief, „ohne zu wissen, wohin er kommen würde" (Hebr 11,8). Er muss täglich neu fragen und hören: Gott, wohin jetzt? Wie immer dabei aber auch der Ruf ergeht, stets geht es um zweierlei: Erstens um einen Ruf zum Leben mit Gott und zweitens – gleichursprünglich – um den Auftrag, sich für Einheit und Gemeinschaft, Frieden und Versöhnung einzusetzen, zum Segen und Heil der anderen wirken. „Du sollst ein Segen sein" (Gen 12,2), heißt es im Ruf Gottes an Abraham, und dieser Gehalt spiegelt sich der Sache nach in jedem weiteren biblischen Berufungswort wider. Von Gott her und auf Gott hin berufen sein heißt immer auch für andere, d. h. zum Segen anderer berufen sein. Die Antwort, die der Mensch auf den Ruf Gottes zu geben hat, ist untrennbar von der Antwort, die er seinem Mitmenschen zu geben hat. Anders gesagt: Da, wo der Mensch erfasst hat, dass er seinem Wesen nach nicht autark in sich steht, sondern auf das Du hingeordnet ist, da nimmt das Du einen unlöslichen Zweiklang an: Im Du-Sagen gibt der Mensch sowohl Gott wie auch dem Nächsten Antwort.[10]

Es ist also die unteilbare eine Liebe zu Gott und zu den Mitmenschen, welche die christliche Antwort auf den Ruf bestimmt. Berufung zu Gott ist immer Berufung, die zum Menschen führt, und eine wahre Berufung zum Menschen führt immer zu Gott. Wer zu Gott sagt: Da bin ich!, der stellt sich auch hinein in die Bewegung, mit der Gott selbst heilvoll auf die Welt zugeht und für sie „da" ist. „Gott will Mitliebende", vermerkt der große Franziskanertheologe Duns Scotus. Die Liebe, mit der Gott selbst in der Welt wirkt, soll mit uns und durch uns, auf je ganz persönliche Weise, weitergereicht werden. Darum gibt der Mensch gerade im Füreinander-Dasein, im Einsatz seiner Fähigkeiten zum Wohl der Gemeinschaft, im Exzentrisch-Werden auf das glückende Leben der Gemeinschaft hin Antwort auf den Ruf Gottes.

Die konkrete Form und Durchführung dieses Auftrags sind dabei je ganz persönlich und stellen auf einen ganz persönlichen Weg. Für diesen verleiht Gott jedem – und zwar jedem anders! – besondere Charismen, Begabungen, Fähigkeiten, die in den gegenseitigen Dienst einzubringen sind. „Dient einander als gute Verwalter der vielfältigen Gnade Gottes, jeder mit der Gabe, die er empfangen" (1 Petr 4,10). Keiner von uns ist nur ein Fall von Menschsein, jeder ist ganz und gar einmalig. Und darum lässt sich auch das, was ich konkret tun soll, nicht bestimmen durch allgemeine Wesensaussagen und Imperative, sondern nur durch das Vernehmen der Einmaligkeit meines Seins und Sollens, durch das stete Hören auf das Wort Gottes. Kurz: Ich habe einen einmaligen Ruf und eine unverwechselbare Sendung von Gott her. Ja, nach einem schönen Wort von Karl Rahner *habe* ich nicht nur einen Ruf und eine Sendung, *ich bin ein Ruf Gottes*, gewissermaßen ein „kristallisiertes" einmaliges Wort Gottes, eine Sendung Gottes in die Welt hinein. Ich darf und soll mich in die Bewegung hineinstellen, mit der Gott selbst heilvoll auf die Welt zugeht. In dieser immer neuen und stets konkreten, ja alltäglichen „Übereignung" an den Ruf Gottes erhält unser Leben sein Gelingen, gelangen wir zur eigenen Identität.

Berufung und Beruf

Weil Berufung mit Sendung in die Welt zu tun hat, hängt mit dem Begriff Berufung der des Berufes aufs engste zusammen, obwohl es gerade für die Neuzeit typisch ist, dass sich beides völlig auseinanderentwickelt hat. Berufung wird heute weithin als eine spezifisch religiöse und dazu nur noch für eine religiöse „Elite" geltende Wirklichkeit empfunden. Nach mehrheitlicher Meinung bedarf man für den Ordens- und Priesterberuf einer besonderen Berufung von Gott her, während die übrigen Berufe Dimensionen des „ganz normalen" weltlichen Lebens sind, die mit dem Glauben nichts oder wenig zu tun haben und wofür infolgedessen auch keine Berufung erforderlich ist.

Dagegen verstand man in der frühen Christenheit auch die berufliche Tätigkeit und den damit gegebenen gesellschaftlichen Ort ganz selbstverständlich als Gegenstand eines göttlichen Rufes.[11] Doch ging diese Auffassung in dem Maße verloren, als das Christentum sich volkskirchlich organisierte, d. h. als eine Gemeinschaft, in die hinein man geboren statt gerufen wird, als ein Glaube, der vornehmlich als religiös und moralisch informierende Lehre übermittelt wird statt als eine Einladung zur Nachfolge, auf die man persönlich Antwort zu geben hat. So verlor sich im volkskirchlichen Christentum weithin das Bewusstsein, dass jeder von Gott nicht nur in die Kirche und in den Glauben, sondern auch in einen konkreten Weltdienst hinein berufen ist. Allein im sog. „Geistlichen Stand" (Priester und Ordensleute) setzte sich die Überzeugung eines Berufenseins durch Gott fort. Der geistliche Stand und nur dieser hat – so meinte man hinfort – einen Beruf, dem eine Berufung entspricht. So „entlastete" sich die „normale" Christenheit vom Erfahrungsdefizit, keine Berufung zu haben, dadurch, dass sie gleichsam besondere „Subjekte" aus sich heraussetzte, welche „noch" die Erfahrung eines persönlichen Gerufenseins machten.

In der Neuzeit ging dann die Überzeugung vollends verloren, dass der Beruf etwas mit Berufung zu tun hat. Das hing und hängt auch damit zusammen, dass in der neuzeitlichen Arbeitswelt nur noch von ganz wenigen die Erfahrung gemacht werden konnte und kann, dass sie in ihrem Beruf wahrhaft anderen dienen. Denn die moderne Arbeitswelt steht – plakativ gesagt – unter der Zielvorstellung: ökonomisches Wachstum, und zwar unabhängig von der Frage, ob damit dem anderen wirklich gedient ist. Heute wissen viele nicht, ob die von ihnen produzierten Artikel oder organisierten Dienstleistungen und Institutionen überhaupt benötigt werden und im Interesse der wahren Menschlichkeit des Menschen stehen. Man sieht, dass es im gegenwärtigen Gesellschaftssystem um Profite, um Rentabilität, um Expansion um der Expansion willen geht. Konsequenterweise legt sich dem arbeitenden Menschen der Gedanke nahe, dass auch der Sinn seiner Arbeit im Einkommen und Gehalt und in den davon abhängigen Konsumchancen besteht. Damit aber verschwindet alle positive Sinngebung vom Arbeitsplatz weg und wird stattdessen in den Freizeitbereich verlegt: Das wahre Menschsein beginnt für viele nach und außerhalb der beruflichen Tätigkeit. Damit geht die Idee der Arbeit als Beruf, der einem Ruf entspringt, vollends verloren. Verloren geht aber auch das Bewusstsein, dass ich, wie auch jeder andere, Charismen besitze, die ich im Dienst für die Allgemeinheit einzubringen habe. Verloren geht die Überzeugung, dass ich an der Stelle, wo ich beruflich tätig bin, Einheit zu verwirklichen habe, auf ein gutes Miteinander und Füreinander bedacht sein soll und so daran mitarbeite, die meist kleine

Welt meines Berufes auf das große gemeinsame Ziel: auf das Reich Gottes hin in Bewegung zu setzen.

Kein Wunder also, dass Ruf und Berufung heute zu fast exklusiv religiösen Größen geworden sind, die sich allein auf die geistliche Dimension beziehen: auf den Priester- und Ordensstand. Und entsprechend wählen die meisten Menschen ihren normalen Beruf nach Neigung und Vorliebe, nach Verdienstchancen und Karrieremöglichkeiten, nach Lust und Laune, ohne auch nur einen winzigen Gedanken daran zu verschwenden, ob und was Gott von ihnen will, wohin Gott sie ruft. „Ich habe keine Berufung", sagt man und meint damit: Ich erfahre keine religiösen Antriebe zu einer besonderen geistlichen Tätigkeit. Beruf und Berufung sind auseinandergebrochen und damit ein konkretes Zeichen für den typisch neuzeitlichen unheilvollen Bruch zwischen Welt und Glaubenswirklichkeit, zwischen weltlicher und gläubiger Existenz.

Wenn wir uns dagegen an dem orientieren, was vorhin erörtert wurde, dass nämlich der Ruf Gottes immer in die Welt hinein zu den anderen Menschen sendet, so ergibt sich daraus, dass der Beruf eine der wichtigsten konkreten Gestalten und Ausformungen der Berufung eines jeden ist. Geht es doch darum, gerade an der Stelle, die man kraft seines Berufes einnimmt und gestalten kann, die Welt auf das Reich Gottes hin zu finalisieren und transparent zu machen. Der Beruf ist darum mehr als eine bloße Möglichkeit zum Broterwerb, mehr auch als das Profil, in dem man sein eigenes Ich verwirklicht. Er ist für den Christen nicht nur etwas Profanes, sondern die Form seines „Gottesdienstes im Alltag", von dem in Röm 12,1 die Rede ist. Auch die Entscheidung für einen Beruf sollte im Hören auf den Ruf Gottes erfolgen.

Damit stellt sich aber nun verstärkt eine Frage, die sich im Leser gewiss schon seit geraumer Zeit gemeldet hat: Wie vernehme und erkenne ich denn den Ruf Gottes an mich, die Absicht und den Plan Gottes mit mir sowie die mir von Gott vorgesehenen und gestellten konkreten Aufgaben? Machen nicht viele, vielleicht sogar die meisten Menschen heute die Erfahrung, dass Gott schweigt, dass er sich in ein geheimnisvolles Dunkel zurückgezogen zu haben scheint? Wie kann man da überhaupt von so etwas wie Berufung, von der Vernehmbarkeit des Rufes Gottes sprechen? Diese Frage wird uns noch eingehend beschäftigen. Doch zuvor müssen noch einige andere Probleme behandelt und Klarstellungen geschaffen werden.

Ruf Gottes und Freiheit des Menschen

Es gibt eine Reihe von Theologen – der prominenteste von ihnen dürfte Hans Urs v. Balthasar sein –, die im Anschluss an eine Reihe von biblischen Berufungsgeschichten davon ausgehen, dass der Ruf Gottes den Menschen geradezu überfällt. „Die Berufungen und Erwählungen Gottes fallen aus heiterm Himmel herab."[12] Manchmal (Beispiele dafür sind Mose, Jeremia, Paulus) bemächtigen und überwältigen sie den Menschen in einer Art „überfallender Inbeschlagnahme"[13]. Gewiss, bisweilen ergeht auch nach v. Balthasar der Ruf Gottes als „gleichsam bittende Einladung"[14]. Aber aufs Ganze gesehen ist die Freiheit des Menschen nur dazu eingefordert, den auf ihn hereinbrechenden Ruf Gottes anzunehmen (oder abzulehnen). Doch dies ist, wie Michael Höffner im Einzelnen zeigt,[15] eine Engführung.

Eine ähnlich arge Engführung findet sich bei v. Balthasar auch im Blick auf den von Gott angesprochenen Personenkreis. Er schränkt nämlich die Wirklichkeit einer ausdrücklichen Berufung durch Gott auf *besondere* Berufungen (Priester-, Ordensstand u.dgl.) ein. Das entspricht jedoch aufs Ganze gesehen nicht der biblischen Sicht. Hiernach verstehen sich nämlich alle Christen als von Gott „berufen" und „erwählt" (vgl. z.B. Röm 1,6; 8,28; 8,33; 1 Kor 1,24; Offb 17,14 u.ö.). Alle sind dazu „auserwählt", Gottes heiliges Volk zu sein. So der 1. Petrusbrief, 2,7, der damit eine atl. Spitzenaussage, Ex 19,5, aufgreift. Diese Wahrheit, dass alle Menschen von Gott gerufen sind (vgl. 1 Tim 2,4) und dass in besonderer Weise alle Getauften ohne Ausnahme von Gott her eine Berufung haben, ist auf dem 2. Vatikanischen Konzil, besonders in LG 40, in ihrem vollen Gewicht wiederentdeckt worden (ohne dass man freilich sagen kann, dass dies schon Kopf und Herz der Christen erreicht hat).

Dieses Berufungsgeschehen, das jeden Menschen trifft und betrifft, erwartet vom Angesprochenen mehr als nur die Hinnahme eines a priori verhängten göttlichen Plans oder einer souveränen Entscheidung Gottes. Es ist geradezu ein Spezifikum des biblischen Gottes, dass er nicht nur heilvoll *am* Menschen, sondern *mit* dem Menschen handelt. Mit den Worten von Karl-Heinz Menke: „Gottes Gnade will des Adressaten bedürfen, den sie beschenkt. ... [Sein] Geschenk behandelt den Beschenkten nicht wie ein willenloses Objekt." Das, was Gottes Geschenk ist, wird „gerade so auch ganz und gar Auftrag, Befähigung und Sendung. Jahwe schenkt seinem Volk das Versprechen seines Daseins, seiner Treue, seiner Gerechtigkeit und befähigt Israel damit, seinerseits zu leben, was ihm geschenkt wurde"[16]. In der Entgegennahme und Erfüllung dieser Auf-Gabe kommt auch die Gabe Gottes erst zur Erfüllung. So ist die Geschichte Gottes mit den Menschen eine „geschehende Geschichte"[17], d. h., sie ist weder einfach a priori verfügt, noch ist sie abgeschlossen; sie ist vielmehr offen für das „völlig Unvorhersehbare, das zwei einander zu gemeinsamen Werk vermählte Freiheiten [nämlich die Gottes und des Menschen] erfinden"[18]. Deshalb zeigen sich bereits in der Heiligen Schrift die Pläne Gottes mit dem Menschen als äußerst „beweglich". Gott „agiert" nicht nur, er re-agiert auch auf die Art und Weise, wie der Mensch sich seinem Ruf gegenüber verhält.[19]

Eben das gilt nicht nur für das Volk Gottes in seiner Gesamtheit, sondern auch für den je Einzelnen. Dies ist ablesbar an der Abrahams-Perikope (Gen 12 ff): Da Gott Abraham ruft, zwingt er ihn nicht, sondern – so zu Recht Karl-Heinz Menke – „wirbt um seine Zustimmung. Gott handelt nicht an Abraham ohne Abraham, sondern ganz ausdrücklich mit ihm." Immer wieder! Auch da und dann, wenn Abraham seinen Ruf zum Unterwegssein vergisst und sich niederlassen will. Immer neu ergeht der Ruf. Dabei überfordert Gott Abraham nicht. „Er fordert nichts Unmögliches. Äußerlich betrachtet zieht dieser Aramäer von Zeltplatz zu Zeltplatz, plagt sich mit den Problemen, mit denen alle Nomaden zu kämpfen haben. Und doch verbirgt sich hinter der Fassade des Gewöhnlichen etwas ganz Außergewöhnliches. Denn hier beginnt ein Mensch, sein ganzes Leben mit all seinen kleinen Sorgen und Nöten aus dem Hören auf Gott zu gestalten."[20] In immer neuen Ansätzen und nicht ohne Um- und Irrwege! Das also, was Gott mit ihm zu tun gedenkt und wozu er ihn ruft, ist nicht schon dekretorisch „von oben" verfügt, sondern offen für die Reaktion des hörenden Adressaten. Und ebendiese (positive) Reaktion des Menschen auf die Initiative Gottes heißt im Alten Testament Glauben, für den exemplarisch bis in die neutestamentlichen Schriften hinein Abraham steht (vgl. Röm 4,11 f).

So wird deutlich: Die Initiative des rufenden Gottes ist normalerweise kein evidenter „Einbruch" in das menschliche Dasein, sondern ein „leises Anklopfen", das einen oft langwierigen Prozess des Hörens und Suchens, des Findens und neuen Suchens erfordert. Ein solcher Prozess kann nur gelingen, wenn das eigene Leben durch ein ständiges Hinhören auf den Ruf Gottes charakterisiert ist. Dieser Ruf ist nie „fertig", abgeschlossen, erledigt, so wenig wie man – aus dem gleichen Grund – auch als Christ nie fertig ist. „Des Lebens Ruf an uns wird niemals enden" (Hermann Hesse). Gott bleibt der Rufende und wir die Suchenden, Wartenden, Hörenden und stets neu Aufbrechenden. In einem schönen Bild schreibt Rainer Maria Rilke: „Gott ist der Gast, der immer weitergeht ..." In der Tat: Niemals habe ich Gott und seinen Ruf endgültig in mein Lebenshaus aufgenommen, so dass ich, zufrieden über einen „ruhigen Mieter", die Hände in den Schoß legen könnte. Gott geht weiter. „Magis!" – „Mehr!" Und nur wenn ich ständig auf seinen Ruf höre und auf ihn hin aufbreche, habe ich Gemeinschaft mit ihm. Vielleicht macht gerade dies unser real bestehendes Kirchentum so träge und unglaubwürdig, dass nur wenige ihr Christsein als einen Prozess verstehen, der vom ständigen Hören und Suchen in Bewegung gehalten wird. „Gott, was willst Du hier und heute von mir?"

Es ist eben nicht von ungefähr, dass das „Urwort" Gottes an Israel, an das sich bis heute jeder gläubige Jude täglich mehrmals erinnert, das „Schema Jisrael!", das „Höre Israel!" (Dtn 6,4) ist. Und es ist gleichfalls wohl nicht von ungefähr, dass die Regel Benedikts, die nicht nur für das Mönchtum, sondern insgesamt für das geistliche Leben des abendländischen Christentums maßgeblich wurde, mit dem Wort „Ausculta!" „Höre!" anhebt. Der christliche „Glaube kommt nicht nur vom Hören" (Röm 10,17), er vollzieht sich auch wesentlich im Hören sowie im Umsetzen des Gehörten in die Tat.

Hören und Ge-Horchen

Probleme mit dem Gehorsam

Wenn es für das Mensch- und Christsein von allerhöchster Bedeutung ist, auf den Ruf Gottes zu hören, so nimmt folgerichtig im Glaubensleben die Tugend des Gehorsams einen hohen Rang ein. Auf den Zusammenhang von Hören und Gehorchen weist in der deutschen Sprache schon die Gleichheit der Wortstämme hin: Ge*horsam* – *Hörsam*keit; Ge*horchen* – *Horchen*. Wenn man einem anderen, Gott, ge-*hört*, muss man ge*horsam hören* auf das Wort, das, gleichsam „von außen" kommend, das Leben in Beschlag nimmt. Denn wenn es auch der eigene freie Entschluss ist, der sich zum Hören auf den Ruf und damit zum Gehorsam gegen Gott bestimmt, so ist doch dann der unmittelbare Bestimmungsgrund des Handelns nicht mehr die eigene Einsicht, sondern der Wille Gottes, den man hörend entgegennimmt und dem man im Akt des Gehorsams Vertrauen schenkt. Deshalb ist der Gehorsam unmittelbare Konsequenz des Hinhörens auf das Wort Gottes, das in Heiliger Schrift und Glaubensverkündigung gegeben ist und das sich in der „Forderung der Stunde", im leisen Wort der Stille und nicht zuletzt in der Lebenssituation und in der Begegnung mit anderen Menschen an Herausforderung und Zumutung von Gott her zuträgt.

Heute löst schon das Wort „Gehorsam", mag es nun in Kirche, Staat oder anderen gesellschaftlichen Bereichen gebraucht werden, bei nicht wenigen Emotionen aus – positive oder negative. Die einen, gegenwärtig wohl der kleinere Teil, bejahen den Gehorsam von Herzen und geben ihm einen hohen Platz in der Werteskala, weil es ohne ihn keine Autorität und Ordnung, keine Einheit, Geschlossenheit und gemeinsame Zielstrebigkeit gebe. Die anderen dagegen – und diese sind derzeit wohl bei weitem in der Mehrzahl – melden mit Nachdruck die größten Vorbehalte gegen alles an, was mit Gehorsam zusammenhängt. Gehorsam ist für sie ein ausgesprochen negatives Reizwort, dessen bloße Erwähnung nicht selten allergische Reaktionen nach sich zieht. Sie stimmen der Feststellung des Psychoanalytikers Alexander Mitscherlich zu, wonach Gehorsam entweder „der stärksten und unversieglichen Leidensquellen eine" ist, oder die „Tugend" der Schwachen und Infantilen, die sich damit Konflikte mit den Mächtigeren ersparen und „ungeschoren davonkommen" wollen![21] Und zudem: Was hat die Berufung auf den Gehorsam nicht schon alles aus Einzelnen und Gemeinschaften gemacht? Wie viel Lähmung von Kreativität und Phantasie ist davon ausgegangen! Wie viel Schaden ist entstanden durch kritiklose Hinnahme von schlechten oder weniger guten Weisungen und Anordnungen „von oben"! Wie viel Freiheit und Eigeninitiative sind auch in der Kirche durch – bisweilen brutale – Gehorsamsforderungen erdrückt worden!

Steht Freiheit nicht höher als Gehorsam? Und hat dies nicht auch die katholische Kirche anerkannt, da sie sich auf dem 2. Vatikanischen Konzil mit bewegenden Worten zur Würde menschlicher Freiheit und Selbstbestimmung bekannte:

> „Die wahre Freiheit ist ein erhabenes Kennzeichen des Bildes Gottes im Menschen: Gott wollte nämlich den Menschen ‚in der Hand seines Entschlusses lassen' (Sir 15,14), so dass er seinen Schöpfer aus eigenem Entscheid suche und frei zur vollen und seligen Vollendung in Einheit mit Gott gelange. Die Würde des Menschen verlangt daher, dass er in bewusster und freier Wahl handle, das heißt personal, von innen her bewegt und geführt und nicht unter blindem inneren Drang oder unter bloßem äußeren Zwang" (GS 17).

Freiheit ist hiernach also das Kennzeichen der Kinder Gottes. Persönliche Selbstverantwortung, Selbstbestimmung, Selbstverwirklichung, nicht Gehorsam, Fremdbestimmung, Fügsamkeit, Gängelei heißt die Devise!

Und schließlich: Muss nicht der Blick auf nicht allzu ferne schreckliche Ereignisse auch dem Glaubenden zu denken geben? „Für den Theologen genügt schon der wiederholte Hinweis auf den Gehorsam im Munde von Eichmann, Höß [= SS-Kommandant des KZ Auschwitz] und Tausend anderer, um das Wort in der Kehle stecken zu lassen", schreibt zu Recht Dorothee Sölle.[22] Kurz: Der Gehorsam hat – scheint's – „seine theologische Unschuld verloren". Er stellt sich eher als Unwert denn als Wert dar.

Und doch haben wir ganz schlicht festzustellen, dass der Gehorsam – ganz abgesehen von seiner Bedeutung für die gesellschaftliche Ordnung und das Zusammenleben der Menschen – im christlichen Glauben eine zentrale Rolle spielt. Von den ersten Seiten der Heiligen Schrift angefangen, wo vom verweigerten Gehorsam Adams und seinen Folgen die Rede ist, über den Gehorsam Abrahams und die vom Gottesvolk Israel erwartete Fügsamkeit bis hin zum Gehorsam Jesu Christi, der dann zur Grundhaltung und ständigen Herausforderung der Kirche und jedes Einzelnen wurde, gehört der Gehorsam mit zum entscheidenden Inhalt des geschriebenen und verkündeten Wortes Gottes.

Aber was heißt hier Gehorsam? Bedeutet er, dass ich gehalten bin, Anordnungen von Autoritäten, Befehle, Gesetze und Paragraphen unverzüglich und unbedingt zu befolgen? Ist der Gehorsam im Kontext des Glaubens von der Art des Merksatzes, den man früher (?) Kindern einprägte: „Ein gutes Kind gehorcht geschwind"? Ein guter Christ tut bedingungslos das, was „die Kirche" sagt, ein guter Ordenschrist das, was die Oberen anordnen, ein guter Priester das, was Papst und Bischöfe, Kirchenrecht und liturgische Vorschriften gebieten? Ist das die Grundgestalt christlichen Gehorsams?

Orientieren wir uns an der Heiligen Schrift.

Gehorsam in der Heiligen Schrift

Eine der wichtigsten Aussagen zum Thema Gehorsam findet sich im sogenannten Christushymnus des Philipperbriefes (Phil 2,5–8):

> „Seid so gesinnt, wie es dem Leben in Christus Jesus entspricht:
> Er war Gott gleich,
> hielt aber nicht daran fest, wie Gott zu sein,
> sondern er entäußerte sich und wurde wie ein Sklave und den Menschen gleich.
> Sein Leben war das eines Menschen; er erniedrigte sich und war gehorsam bis zum Tod,
> bis zum Tod am Kreuz."

Der Text beginnt mit der Aufforderung: „Seid so gesinnt, wie es dem Leben in Christus Jesus entspricht." Diese „Entsprechung" ist dort am intensivsten gegeben, wo der Glaubende *die* Haltung verwirklicht, welche die ganze Existenz Jesu Christi durch und durch prägte: Selbstentäußerung, d. h. Lebenshingabe an den Vater und die Menschenschwestern und -brüder, zu denen er gesandt ist, (Sklaven-)Dienst bis zum Letzten, eben: Gehorsam bis zum Tod. Die Aufforderung dazu ist an die ganze Gemeinde, also an alle Christen gerichtet, nicht etwa nur an eine bestimmte Gruppe, z. B. an besonders berufene Jünger (denen heute etwa der Räte-Stand der Kirche entsprechen würde) oder an die Apostel („Amtsträger"). Nein, alle sind aufgerufen, dem Leben und Sterben des gehorsamen Jesus zu entsprechen.

Dieser Ruf ist jedoch weder bloßer Befehl noch moralischer Appell. Vielmehr geht es darum, das Leben in Jesus Christus, das den Glaubenden schon geschenkt ist und das sie in sich tragen, zur Auswirkung kommen zu lassen. Die Aufgabe erwächst aus der Gabe. Der geforderte Gehorsam ist Konsequenz des geschenkten neuen Lebens, nicht ethische Leistung. Gehorsam heißt, der Lebensgestalt Jesu in der Hingabe an seine Sendung ähnlich werden.

Dass Jesus bis zum Letzten gehorsam war, stellt ausdrücklich auch der Hebräerbrief (10,5 f) heraus, wenn es heißt:

> „Christus spricht bei seinem Eintritt in die Welt:
> Schlacht- und Speiseopfer hast du nicht gefordert (Gott hat also nicht *etwas* gewollt!),
> doch einen Leib hast du mir geschaffen („Leib" – in der Sprache der Schrift –: ein konkretes menschliches Leben, das man wegschenken kann, *ganz*!);
> an Brand- und Sündopfern hast du keinen Gefallen.
> Da sagte ich: Ja, ich komme –
> so steht es über mich in der Schriftrolle –,
> um deinen Willen, Gott, zu tun."[23]

Wenn Jesus dieses Wort des Gehorsams „bei seinem Eintritt in die Welt" sprach, so ist mit dieser Redeweise das Vorzeichen seines ganzen Lebens gemeint, Überschrift und Kurzformel von allem, was sich darin ereignen wird, gleichsam das „Apriori" seiner Existenz. Gehorsam ist nach dieser Schriftstelle: Übereignung seines Lebens an den Willen Gottes, der mit seinem Ruf an den Menschen herantritt. Dieser Gehorsam Jesu wird in Phil 2,2 ff der Gemeinde als Modell ihres Verhaltens *untereinander* vorgehalten: Ihr Gehorsamsein hat sich konkret darin zu verwirklichen, dass die Christen „eines Sinnes sind, einander in Liebe verbunden, einmütig und einträchtig, dass nichts aus Ehrgeiz und Prahlerei getan wird, dass einer in Demut den andern höher einschätze als sich selbst, dass jeder nicht nur auf das eigene Wohl, sondern auch auf das des anderen achte" (ebd.). In solchem „Exzentrischwerden" auf den andern (und darin auf Gott) hin, verwirklicht der Mensch – als Einzelner und in Gemeinschaft – sein authentisches Sein als Person.

Die Urwahrheit vom Menschen, von der schon die Rede war, dass man sich nämlich „verlieren" muss, um sich zu „gewinnen", jene Wahrheit, die in jeder wirklichen Liebe aufleuchtet und erfahrbar wird, kommt in Jesus Christus zu ihrer unüberbietbaren Vollendung. Das, was Jesus seinem innersten göttlichen Wesen nach ist – er ist der Sohn, der ganz aus dem Vater hervorgeht und ganz auf ihn hin ist –, das verwirklicht er auch in seiner menschlichen Seinsweise. Er ist ohne Einschränkung für Gott und seine Sendung zum Heil der Menschen da, behält sich nichts vor, hält sich an nichts fest, will nichts aus sich selbst sein, sondern gibt sich vorbehaltlos weg an den Vater, von dem er alles: Leben, Freude und Glück, erwartet.

„Meine Speise ist es, den Willen dessen zu tun, der mich gesandt hat", sagt Jesus im Johannesevangelium (4,34). „Meine Speise", also das, was ihn „sättigt", ihm Befriedigung und Erfüllung bringt, was ihn leben lässt und sein Innerstes ausmacht, das ist die Hingabe an den Willen des Vaters, der durch ihn sein Heil für die Menschen wirken will. Jesus lebt „nicht nur vom Brot" und schon gar nicht vom Brot, das er sich selbst, wie der Versucher will, verschafft, „sondern von jedem Wort, das aus Gottes Mund kommt" (Mt 4,4). Leben ist für ihn Geschenk vom Vater, an ihn gibt er es zurück; von ihm empfängt er Glück und Lebenserfüllung, ihn will er aber auch glücklich machen, auf dass dieser sprechen kann: „Du bist mein geliebter Sohn, an dir habe ich Gefallen gefunden" (Mk 1,11). So ist Jesu Existenz „reine Relation", d. h., sein Leben steht ganz und gar in der Beziehung zum Vater und damit zu allen Menschen.

Doch wenn man sein Leben so lebt, gibt man es aus der Hand, man verfügt nicht mehr darüber, man überblickt nicht mehr, was daraus wird. Es kann sein, dass alles ganz anders kommt, als man selbst es plant und erwartet. Es kann sein, dass der Partner die eigene Person so beansprucht, wie man es nicht vorhersah; ja vielleicht auch – mindestens spontan – gar nicht möchte. Das Leben wird zum unübersehbaren „Abenteuer".

Für Jesus bedeutet es Leben und Glück, sich dem Vater zu übereignen. Aber der Vater macht einen befremdlichen „Gebrauch“ von dieser Lebenshingabe. Er nimmt den eigenen Sohn bis zum Letzten „beim Wort“, indem er ihn in den Tod führt. So wird der Wille des Vaters zu einem dunklen „Muss“ (wie es die Evangelien oftmals betonen), zu einem Weg, an dessen Ende das Kreuz, Inbegriff scheinbarer Vergeblichkeit, Sinnlosigkeit und gescheiterter Lebenserfüllung, steht. Aber selbst da, wo Jesus nichts mehr begreift, wo alles dunkel ist und der Vater sogar die Erfahrung seiner Gegenwart und Liebe entzieht, bleibt er gehorsam. „Nicht mein, sondern dein Wille soll geschehen“, spricht, nein, schreit er am Ölberg (Lk 22,42). Und auch aus dem letzten Wort am Kreuz, wie es das Markusevangelium tradiert („Gott, mein Gott, warum hast du mich verlassen“: Mk 15,34), darf nicht eine abgrundtiefe Verzweiflung, sondern ein verzweifeltes gehorsames Vertrauen herausgehört werden: „Gott, *mein* Gott“ – trotz allem![24] Mag sich auch, menschlich gesehen, am Kreuz sein ganzes Leben und Wirken als „vergeblich“ und „sinnlos“ erweisen: Der Sohn bleibt selbst im äußersten Dunkel dem Vater zugewandt. Das bringen je auf ihre Weise auch die übrigen Evangelisten in den „letzten Worten Jesu am Kreuz“ zum Ausdruck. Für Lukas mündet die unbeirrbare Gehorsamshaltung Jesu in das Wort ein: „Vater, in deine Hände lege ich meinen Geist“ (Lk 23,46). Und das Johannesevangelium lässt Jesus sagen: „Es ist vollbracht“ (Joh 19,30), „es“, nämlich das Werk der Erlösung und Heilsoffenbarung, zu dem er für uns vom Vater gesandt war.

So sind die letzten Worte Jesu wie sein erstes (Hebr 10,6) Wahrzeichen dafür, dass seine Existenz von Anfang bis zum Ende von der Haltung des Gehorsams geprägt war.

Im Blick auf Jesus wird deutlich, was Gehorsam für den Christen, der als Jünger seinem Herrn folgen möchte, heißt. Christlicher Gehorsam lässt sich nicht einfach in den Leitsätzen umschreiben „Der Weisung einer rechtmäßigen Autorität ist Folge zu leisten!“ oder „Befehl ist Befehl!“ oder „Ein gutes Kind gehorcht geschwind!“ So würde Gehorsam nur „etwas“ an mir betreffen: die unverzügliche Ausführung eines Befehls, das Einhalten einer Ordnung, das Beachten einer Regel oder dergleichen. Nein, Gehorsam, „wie es dem Leben in Jesus Christus entspricht", bedeutet, sich im Hören auf Gottes Ruf *in voller Freiheit und Selbstbestimmung* auf die tiefste Haltung Jesu einzulassen, auf die Haltung der Lebensübergabe an Gott und der Verfügbarkeit für das Glück und Heil der Mitmenschen. Gehorsam heißt, „als Sklaven Christi von Herzen den Willen Gottes tun" (Eph 6,6).

So macht Gehorsam das, was Liebe ist, konkret: Nicht aus sich heraus und für sich selbst leben, sondern vom andern her und auf den andern, auf Gott und seine allumfassende Liebe hin leben! Zudem hebt der Begriff Gehorsam (mit seiner Assoziation Hören und Gehorchen) hervor, dass, so wie Jesus eine Sendung vom Vater her besaß und sein ganzes Leben eine einzige gehorsame Antwort auf dessen Wort war, auch jeder Jünger persönlich von Gott angerufen ist und diesen seinen Ruf zu er-horchen hat. Denn jeder ist von Gott „beim Namen gerufen" (vgl. Jes 43,1),[25] damit das ganze Leben eine einmalige Antwort auf Gottes einmaliges Wort sei.

Die Last des Gehorsams

Auch wenn es, wie die Erfahrung von Liebenden zeigt, schön, erfüllend und beglückend ist, nicht bei sich selbst zu bleiben, sondern im Hören auf den anderen sein Leben als Beziehung zu leben, so ist doch die gehorsame, oft vom Dunkel des Glaubens geprägte Lebensübergabe an den Ruf des unbegreiflichen Gottes schwer, das Schwerste, was der Mensch *in seiner und mit seiner Freiheit (!)* vollbringen kann. Vom Gehorsam kann man darum nicht sprechen, ohne auf den – wie die Benedikt-Regel sagt – „labor oboedientiae", auf die „Mühe des Gehorsams", hinzuweisen.

Auch Jesus erfuhr die Last des Gehorsams, die zu tragen er lernen musste. So heißt es im Hebräerbrief mit deutlicher Anspielung an die Ölbergszene: „Als er auf Erden lebte, hat er mit lautem Schreien und unter Tränen Gebete und Bitten vor den gebracht, der ihn aus dem Tod retten konnte. ... Obwohl er der Sohn war, hat er durch Leiden Gehorsam gelernt" (5,7 f). Wenn schon er die gehorsame Lebensübereignung an Gott lernen musste, so gilt dies erst recht von denen, die ihm folgen. Gehorsam ist nicht etwas, was man „kann", womöglich ein für allemal, wenn man es sich nur recht vornimmt, sondern wohin man allenfalls in einem leidvollen Prozess Schritt für Schritt geführt wird.

Nicht anders „verheißt" der johanneische Jesus es dem Petrus als dem Prototyp der Jüngerschaft: „Als du noch jung warst, hast du dich selbst gegürtet und konntest gehen, wohin du wolltest. Wenn du aber alt geworden bist, wirst du deine Hände ausstrecken und ein anderer wird dich gürten und dich führen, wohin du nicht willst" (Joh 21,18). Wenn man sich auf den Weg Jesu macht, kommt man unweigerlich dort an, wohin man an sich „nicht wollte" und wohin zu gehen sich zunächst einmal alle spontanen Strebungen des Herzens widersetzen: ans Kreuz. Und doch ist für den Jünger das „Nichtwollen" unterfangen von einer grundsätzlicheren Bejahung, da er weiß: Solcher Gehorsam ist Nachgehen des Weges Jesu, er macht gleich ihm verfügbar zum Einsatz für das Glück und Heil der anderen und ist Ausdruck der Gemeinschaft mit Gott, von der der Jünger die Erfüllung und Vollendung seines Lebens erwartet.

Dennoch bleibt die Last des Weges. Vielleicht ist es noch leicht, in einer Aufwallung religiösen Gemüts und in der Stille des Gebetes mit den großen Glaubenden zu sprechen: „Vater, ich überlasse mich dir, mach mit mir, was dir gefällt" (Charles de Foucauld), oder: „Nimm hin meine ganze Freiheit" (Ignatius von Loyola), oder: „Nimm mich mir und gib mich ganz zu eigen dir" (Klaus von der Flüe). Aber was ist, wenn Gott dieses Gebet ganz beim Wort nimmt und es wirklich erhört? Wenn wir privat im Gebet oder öffentlich bei einer verbindlichen Lebensweihe sagen: „Adsum!" – „Ich bin bereit, Gott, verfüge du über mich!", so stellen wir ihm mit dieser grundsätzlichen Bereitschaft zunächst gleichsam nur ein Bündel von Blanko-Schecks aus, also von Schecks, deren Wertangabe offen ist. Wenn dann im Laufe des Lebens diese Schecks mit einer bestimmten Summe präsentiert werden und zu zahlen sind, werden wir nicht selten erschrocken sein über die Höhe und über die „Währung" der von Gott eingetragenen Summe. Das haben wir nicht erwartet – das nicht! Der Gehorsam wird zum unwillkommenen, lästigen Störfaktor im überblickbaren Kreis eines Lebensentwurfs, den wir selbst uns erstellen wollen.

Denn jeder Mensch sehnt sich danach, ganz „selbst" zu werden, das bedeutet: seine Möglichkeiten und Fähigkeiten auszuschöpfen, seine Lebenswünsche zu erfüllen und so ganz „heil", ganz mit sich „eins" zu sein. Nun ist aber, wie wir schon sahen, das geistbegabte Geschöpf von Schöpfung her so angelegt, dass es sich nur gewinnt, wenn es „exzentrisch" wird, d. h., wenn es sich aus der Hand gibt und sich vertrauensvoll dem „andern" und darin letztlich Gott überlässt. Doch ist in jedem Menschen der Wunsch, „selbst" zu werden, mit dem Streben verquickt, „verzweifelt selbst sein zu wollen" – wie Sören Kierkegaard sagt[26] –, d. h. in sich selbst Stand und Ziel zu gewinnen und alles auf sich hin zu zentrieren. „Verzweifelt" ist dieses Streben – nach Kierkegaard – deshalb, weil der Versuch, das „Gottgleichsein" (vgl. Gen 3,5) selbst ergreifen und sich selbst Lebenserfüllung beschaffen zu können ohne oder gar gegen die Leben verheißende Weisung Gottes sich als ein sinnloser Wahn herausstellt, der geradewegs in den Tod führt (vgl. Röm 5,12 ff) und den Verlust des wahren Lebens zur Folge hat. Darum hat der Ungehorsam, der sich nach dem Urwort der Sünde „Ich bin ich, und alles hat für mich zu sein!" vollzieht, paradoxerweise gerade das Verfehlen der eigenen Identität zur Folge. Sünde ist darum – wie Kierkegaard im Anschluss daran bemerkt – in Wirklichkeit der Versuch, „vor Gott verzweifelt nicht man selbst sein zu wollen".

Genau dieses Streben, „verzweifelt selbst sein zu wollen", führt zur Katastrophe des Sündenfalls. Seit „Adam" bestimmt der Ungehorsam die Geschichte der Menschheit und jedes Einzelnen. Jeder wird in eine Familie, Gesellschaft, Welt hineingeboren, die unter dem Motto des „Ich bin ich“ steht, der Selbstzentriertheit und Unfähigkeit, sein Dasein als Beziehung zu leben. Der Ungehorsam des „einen Adam“ wurde zu einer ansteckenden, alles in seinen Bann ziehenden Potenz, die bewirkt, dass der Mensch von Haus aus narzisstisch-unfrei auf sich selbst starrt und außerstande ist, sein Leben aus der Hand zu geben, um es gerade so in neuer Weise zurückzuerhalten.

Das gilt nicht nur von der (direkten) Beziehung des Menschen zu Gott: Denn wo diese Grundbeziehung vom Geschöpf her gekündigt wurde, werden auch die vielfältigen darin gründenden anderen Beziehungen, in denen menschliches Leben steht, zerstört und pervertiert: An die Stelle gegenseitiger Liebe treten die Macht des einen über den andern und die Instrumentalisierung des Mitmenschen für den eigenen Nutzen und Vorteil (vgl. Gen 3,16b); anstatt der Harmonie und des Friedens zwischen Mensch und Welt hebt nun der „Kampf ums Dasein“ (3,17 f) an mit wechselnden Siegern und Besiegten.

Auf dem Hintergrund des menschlichen Ungehorsams und seiner tödlichen Folgen ist Jesus Christus gerade in seinem Gehorsam der „neue Adam“, welcher die Urbestimmung der Schöpfung: „Ich bin von DIR her und auf DICH hin, mein Gott! Und von DIR her bin ich auch für die anderen da!“, in seinem Leben bis zum Äußersten verwirklichte. Darin hat er auch uns den Weg gebahnt, den Bann des Ungehorsams, d. h. die Unfähigkeit zum Hören wie auch die Verweigerung der Lebenshingabe zu überwinden.

Doch bleibt das Erbe Adams, solange wir auf dem Wege sind, als mühsame Last wirksam. Immer neu steht die Frage zur Entscheidung an: Wem ge-„höre“ ich – mir selbst oder Gott und seinem Ruf zur Liebe? Wie verwirkliche ich mich: auf mich starrend und mich festhaltend oder von mir wegblickend und mich loslassend? Deshalb müssen ständig neu die verführerisch täuschenden Stimmen in mir und um mich herum entlarvt werden, welche sagen, Identität fände ich nur in mir selbst, fügsame Lebenshingabe sei Infantilismus, Dummheit oder verantwortungslose Aufgabe der eigenen Freiheit. Das genaue Gegenteil ist wahr: Solange ich an mich gefesselt bin und Angst habe, aus dem Schneckenhaus meiner eigenen Ichbezogenheit herauszukommen, bleibe ich, in kindlichem Narzissmus verstrickt, höchst unfrei. Reife und Freiheit sind nur zu gewinnen, wenn man das Wagnis des Vertrauens aufbringt und sich in die Weite eines Beziehungsgefüges stellt, in welchem man hörend und liebend vom anderen her und auf den anderen hin lebt.

Freiheit steht nie in sich selbst. Um eine Entscheidung, wem die Freiheit zu übergeben ist, kommt man deshalb nicht herum, wie Paulus hervorhebt: „Ihr wisst doch: Wenn ihr euch als Sklaven zum Gehorsam verpflichtet, dann seid ihr Sklaven dessen, dem ihr gehorchen müsst; ihr seid entweder Sklaven der Sünde, die zum Tod führt, oder des Gehorsams (Gott gegenüber), der zur Gerechtigkeit (= zum ‚Richtigsein') führt. Gott aber sei Dank; denn ihr wart Sklaven der Sünde, seid jedoch von Herzen der Lehre gehorsam geworden, an die ihr übergeben wurdet" (Röm 6,16f). Doch diese Entscheidung zum Glauben und zur Nachfolge des gehorsamen Jesus muss sich immer wieder gegen die laute Stimme und gewaltige Schwerkraft Adams, der sich nicht aus der Hand geben will und das Risiko der Lebensübergabe scheut, in mir durchsetzen. Durchsetzen aber auch gegen eine vom Bösen infizierte Welt um mich herum, in der Hören auf Gott und Hingabe an ihn unweigerlich dorthin „führen, wohin man nicht will": ans Kreuz. Darin liegt die ständige Last, aber auch die ständige Herausforderung und das ständige Abenteuer des Gehorsams.

Gehorsam ist also keine Sache kleiner Geister. Er bedeutet weder bequemen Verzicht darauf, sein Leben in freier Verantwortung zu führen, noch ist ein blinder Kadavergehorsam gemeint, der das Personsein des Menschen entwürdigt. Im Gegenteil! Gehorsam ist gerade die Haltung wirklicher Freiheit und Mündigkeit, die über sich selbst und die eigenen narzisstischen Selbstbefriedigungs- und Selbstbehauptungswünsche hinauswächst, er ist der Weg in die Freiheit der Kinder Gottes, die wie Jesus auf den Ruf ihres Vaters hören und ihr Leben ihm und seiner allumfassenden Liebe anheimstellen.

Nach diesen eher grundsätzlichen Erörterungen stellt sich aber noch einmal und verstärkt die drängende Frage, die anfangs schon formuliert wurde: Wie kann man den Ruf Gottes erkennen, wie kann man seine ganz persönliche Berufung erkennen? Wie kann ich ganz konkret vom Hören auf den Ruf leben und ihm gehorchen? Ruft Gott mich wirklich an? Spricht er zu mir? Können die bisher getroffenen Aussagen nicht den „Verdacht" nahelegen, bei all dem „handle es sich um einen ungedeckten Scheck. ... Einem Sprachgebrauch muss ja etwas im eigenen Leben entsprechen, sonst geht man nur allzu schnell zum Tagesgeschehen über"[27]. Was entspricht tatsächlich im eigenen Leben der Überzeugung, dass Gott mich immer neu ruft? Gewiss, es mag sein, dass der eine oder die andere meint, in Stille und Gebet „Stimmen" und darin „so etwas wie Gott" zu vernehmen. Aber sind dies nicht doch in Wirklichkeit nur die Stimmen des eigenen Inneren, die eigenen Ideen, Gedankenblitze, Phantasien, Traumbilder? Führe ich da nicht vielleicht nur ein Selbstgespräch? Jage ich Illusionen nach?[28] Tritt in all dem möglicherweise nur mein eigenes Unbewusstes ans Tageslicht?[29] Wie also kann überhaupt vom Ruf Gottes sinnvoll die Rede sein? Und wie ist er erkennbar?

Spricht Gott wirklich?

Zu einer Theologie des Sprechens Gottes

In den bisherigen Darlegungen wurde stillschweigend und geradezu selbstverständlich die Voraussetzung gemacht, dass Gott sich tatsächlich vernehmbar macht, den Menschen ruft und anspricht, und dass der Mensch ihn wirklich hören kann. Aber diese Voraussetzung ist alles andere als selbstverständlich. Machen nicht viele, vielleicht sogar die meisten heute die Erfahrung, dass Gott schweigt, dass er sich auch für den Gläubigen in ein geheimnisvolles Dunkel zurückgezogen zu haben scheint? Wie kann man da vom Ruf Gottes sprechen? Wie kann man sich das vorstellen? Läuft man nicht Gefahr, Illusionen zu erliegen?

Mag sein, dass – wie eben schon erwähnt – der eine oder andere meint, in Stille und Gebet in sich „Stimmen" und darin „so etwas wie Gott" zu vernehmen. Aber sind dies nicht doch in Wirklichkeit nur die Stimmen des eigenen Geistes? Oder wenn jemand glaubt, in bestimmten Situationen seines Lebens, etwa in außergewöhnlichen Ereignissen und Begegnungen, „so etwas wie Gott" zu erfahren – ist es da wirklich Gott, der sich in Erfahrung bringt, oder nicht vielmehr der Mensch selbst, der solche Situationen und Zeichen auf Gott hin „deutet"? Wie also kann überhaupt von Gott und seinem Ruf sinnvoll die Rede sein?

Diese Fragen sind nicht nur sehr berechtigt, sie geben zugleich auch eine Verstehensrichtung vor für die Art und Weise, wie Gott spricht.

Ein wichtiges theologisches Prinzip lautet: Wenn Gott in der Welt handelt, so handelt er nicht direkt und unmittelbar. Wir sehen Gott nicht, wir hören ihn nicht, wir fühlen ihn nicht – direkt und unmittelbar. Solange wir in Raum und Zeit leben, schauen wir wie „in einen Spiegel und sehen nur rätselhafte Umrisse“ (1 Kor 13,12). Unmittelbare Gotteserfahrung ist uns verwehrt. Wenn Gott in unserem Leben und in der Welt handelt, so wirkt er durch sogenannte „Zweitursachen“. Das heißt: Er nimmt etwas Geschaffenes in seinen Dienst, indem er es befähigt, Instrument seines Wollens und Wirkens zu sein. Das gilt auch vom Sprechen Gottes. Gott spricht nicht direkt zu uns; sein Wort ist immer durch etwas Geschöpfliches vermittelt. Und dies auf verschiedene Weise.

Erstens: Gott spricht zu uns durch seine Schöpfung. Obwohl zwischen Schöpfer und Geschöpf ein radikaler Unterschied und Abstand besteht, kann Gott die Schöpfung doch als transparentes Medium seiner Selbstoffenbarung benutzen: Durch sie redet er uns an, geht er auf uns zu, tut er sich uns kund. Er selbst! Deshalb waren für Israel – so der große Alttestamentler Gerhard v. Rad – „die Erfahrungen von der Welt ... immer auch Gotteserfahrungen, und die Erfahrungen mit Gott ... Welterfahrungen“[30]. In der Tat: Wir lesen in der Heiligen Schrift: Himmel und Erde, Tag und Nacht bergen ein lautloses Wort Gottes in sich, das nach Ps 19 auf der gleichen Ebene liegt wie das verlautete Wort des göttlichen Gesetzes. In den Ereignissen der Natur wird die Stimme Gottes vernehmbar und seine Macht und Lebensfülle, sein Innerstes, offenbar (Ps 29, 50, 97). In der Schöpfung leuchtet seine Weisheit auf, welche in Weish 7 „Abglanz des ewigen Lichtes, makelloser Spiegel des Wirkens Gottes und Abbild seiner Güte“ genannt wird. Kurz: „Die ganze Erde ist wahrhaft voll der Herrlichkeit Jahwes“, die alle zu erkennen vermögen (Num 14,21). Weil die Welt „theophanisch“ – „Gott erscheinen lassend“ – ist,[31] kann der Schöpfer in den sogenannten „Gottesreden“ des Ijob-Buches (Ijob 36 ff) sogar seiner Schöpfung das Wort geben, um ihr sozusagen die Aufgabe zu überlassen, Ijob eines Besseren zu belehren.[32]

Das alles gilt nicht nur vom Alten, sondern auch vom Neuen Testament, in dem an zahlreichen wichtigen Stellen deutlich wird, „wie nachdrücklich Jesus den Hörenden auf die Schöpfung verweist, wie er sie zum Reden bringt und zur Predigerin Gottes macht", so Günter Bornkamm.[33] Jesus ist es auch, der in seinen Gleichnissen aufzeigt, wie in der Schöpfung bereits die endgültige Verheißung des Reiches Gottes angekündigt wird. So ist „die Welt als Ganzes und jedes einzelne Sein und jede einzelne Wahrheit in ihr ein echtes Hervortreten Gottes", wie Hans Urs v. Balthasar mit Verweis auf Thomas v. Aquin bemerkt.[34] „Gott spricht aus ihnen [den geschaffenen Dingen], Gott zieht den Betrachtenden durch sie zu sich". Entsprechend haben die Scholastiker, besonders Bonaventura, Lehrkapitel von den Dingen als „expressiones Dei", d. h. als Ausdruckszeichen Gottes, entworfen.[35] So schreibt z. B. Bonaventura: „Wer vom Glanz der geschaffenen Dinge nicht erleuchtet wird, ist blind; wer durch das laute Rufen der Natur nicht erweckt wird, ist taub; ... wer sich durch die Signale der Welt nicht auf deren Urheber hinweisen lässt, ist dumm."[36]

Wie ist das aber möglich, dass Gott in und durch die Schöpfung redet, so dass die großen Theologen seit frühester Zeit – angefangen von Tertullian und Augustinus über die Hochscholastik bis noch hin zu Luther – sogar von einem zweifachen Buch der Gottesrede, dem der Schöpfung und dem der Heiligen Schrift, gesprochen haben?[37]

In der Theologiegeschichte wird seit Anselm v. Canterbury in unzähligen Variationen das Wort wiederholt: „In ein und demselben Wort [gemeint ist der ‚Logos', der ewige Sohn Gottes] sagt Gott sich selbst aus und das, was er gemacht hat."[38] Das heißt: Die geschaffenen Dinge sind „verba in Verbo et de Verbo", d. h.: „Worte Gottes im göttlichen Wort und vom göttlichen Wort her"[39]. Damit ist Folgendes gemeint: In seinem ewigen Sohn sagt Gott sich auf vollkommene Weise aus, so dass dieser das Wort und das Bild Gottes schlechthin ist (Joh 1,1; 2 Kor 4,4; Kol 1,15). Aber neben diesem seinem perfekten Wort und Bild drückt Gott sich (in Freiheit) auch auf – wegen der Endlichkeit der Schöpfung – gebrochene, begrenzte Weise in der sichtbaren Schöpfung aus, gleichsam als „Fortsetzung" der innergöttlichen Selbstaussage. Deshalb ist die Schöpfung und alles, was in ihr ist, worthaft; sie ist Aussage, Wort, Ruf Gottes. Sie ist – wie Johann Georg Hamann formuliert – „eine Rede Gottes an die Kreatur durch die Kreatur"[40]. Wie es freilich auch unter uns Menschen verschiedene „Intensitätsstufen" des Sprechens gibt, so nimmt auch die Intensität des Sprechens Gottes verschiedene Grade an: anders in der Schöpfung, anders in der Heilsgeschichte, anders nochmals in der Menschwerdung des Gottessohnes, in die die Geschichte aufgipfelt. Aber diese Differenzen sind unterfangen vom Faktum, dass in allem, was Gott schafft und wirkt, er uns zugleich anspricht und anruft. Es ist nach einer Formulierung des Nikolaus von Kues die „eine große Stimme", die sich „jahrhundertelang ununterbrochen gesteigert hatte" und „am Ende einer langen Reihe von Modulationen ... endlich Menschengestalt angenommen hat".[41]

Aufgabe des Menschen ist es, dieses Sprechen Gottes durch seine Schöpfung in seinem Anrufcharakter je *für sich* zu erhorchen, es gewissermaßen *für sich* zu „entziffern". Damit stellt sich aber die eingangs gestellte Frage neu: Bin ich es da dann nicht selbst, der diese „Deutung" als Anruf Gottes an mich herstellt? Wie kann da noch wirklich von einem Ruf *Gottes* die Rede sein? Wir kommen auf diese Frage zurück.

Zweitens: Gott spricht zu uns durch Gesetze, Regeln und Ordnungen staatlicher, gesellschaftlicher, kirchlicher Art, seien diese nun vermittelt durch die Heilige Schrift, durch charismatische Führer oder durch ein ordnungsgemäßes öffentliches Verfahren (demokratische Abstimmung u. dgl.). Für nicht wenige Christen ist Gehorsam nahezu identisch mit der Bereitschaft, kirchliche, staatliche und gesellschaftliche Befehle, Gesetze und Regeln einzuhalten. Tatsächlich sind die vielfältigen Ordnungen der Schöpfung, die der Mensch zu entdecken vermag, sowie die Ordnung schaffenden Weisungen rechtmäßiger Autoritäten und Institutionen Erscheinungsformen und Vermittlungsinstanzen, in denen sich Gottes Leben verheißendes Wort und sein Ruf an uns verleiblichen und vernehmbar machen kann. Mehr noch: Gott hat nicht nur seiner Schöpfung eine gute Lebensordnung eingestiftet und dem Menschen die Fähigkeit gegeben, kraft Vernunft und Gewissen diese Ordnung zu vernehmen und auszugestalten: Er hat darüber hinaus auch durch charismatische Führer- und Prophetengestalten Israel „sein Gesetz" und an dessen Spitze die „Zehn Worte des Lebens" mitgeteilt. Dieses Gesetz steckt gleichsam den Bereich ab, in dem sich „rundherum" gut leben lässt und der Mensch Gefallen finden kann an Gottes schöner Welt.

Dies war auch die Einstellung Jesu. Auf der ganzen Breite seines Lebens hat er sich den profanen wie religiösen Gesetzen, Regeln und Sitten seiner Zeit unterworfen. Hierin fand er den Willen des Vaters ausgedrückt. „Als die Fülle der Zeit kam, sandte Gott seinen Sohn, geboren von der Frau *und dem Gesetz untertan*" (Gal 4,4). Und wie er selbst das Gesetz beachtete, so hält er auch dem Menschen, der ihn nach dem rechten, gültiges Leben vermittelnden Tun fragt, vor: „Du kennst die Gebote!" (Mk 10,19 par.).

Auf der anderen Seite konnte Jesus in souveräner Freiheit Gesetze, Vorschriften und Bräuche seiner Zeit relativieren, selbst diejenigen, in denen sich für den frommen Juden eindeutig und unüberbietbar der Wille Gottes ausdrückte, so z.B. im Sabbatgesetz (wie es damals verstanden und praktiziert wurde). Wer sich darüber hinwegsetzte, brach nach jüdischer Auffassung die ganze Tora. Doch wenn Jesus das Gesetz „relativierte", tat er es nicht, weil es so „einfacher" war, oder aus Lust und Laune, auch nicht aus Überheblichkeit, sondern weil er gegenüber einem starren Gesetzesverständnis, das dessen Heilssinn verstellte, die eigentliche, Leben garantierende Intention der göttlichen Weisung freilegen und überdies zum Ausdruck bringen wollte, dass Gottes Weisung und Ruf nicht nur und nicht ausschließlich im Gesetz, und schon gar nicht im eng-buchstabenmäßig verstandenen Gesetz, zur Geltung kommt. Denn das Gesetz ist immer allgemein. Es sagt, was jeder zu jeder Zeit tun soll. Der Ruf Gottes aber ist konkret, er sagt, was ich hier und jetzt zu tun habe. Das Gesetz verlangt bestimmte abgegrenzte Pflichten und klar umschriebene Aufgaben von mir: Tu das, tu jenes! Gott aber verlangt alles: „Du sollst den Herrn, deinen Gott, lieben mit *ganzem* Herzen und *ganzer* Seele, mit *all* deinen Kräften und *all* deinen Gedanken, und: Deinen Nächsten sollst du lieben wie dich selbst“ (Lk 10,27).

Diese Weisung lässt sich nicht mehr in Buchstaben und Gesetzen konkretisieren. Aufforderung und Gelegenheit dazu ergeben sich aus einer bestimmten Situation, Begegnung oder Erfahrung, sie können Frucht einer Einsicht sein, die einen beim ruhigen Nachdenken über sich selbst, beim Lesen der Heiligen Schrift oder beim Hören der Glaubensverkündigung „überfällt“. Kurz: Sie stellen sich dar als „Anruf der Stunde“. Im unverfügbaren Hier und Jetzt ergeht Gottes unverfügbarer Ruf an den Menschen.

Dies ist sehr treffend im sogenannten Gleichnis vom barmherzigen Samariter zum Ausdruck gebracht. Der Pharisäer fragt: „Wer ist denn mein Nächster?“ Er möchte eine klare Weisung, eine eindeutig-verbindliche Antwort, sozusagen eine gesetzliche Konkretisierung des Liebesgebotes. Doch statt einer übersichtlichen Vorschrift darüber, was, wann, wie genau zu tun ist, antwortet Jesus mit einer konkreten Geschichte. Mein Nächster, das ist weder der, den ich mir selbst aussuche, noch der, den mir Befehle, Regeln oder Kirchenordnungen vorschreiben, sondern es ist der, auf den ich beim Gehen meines Lebensweges „von Jerusalem nach Jericho“ stoße, wenn ich nur meine Augen und Ohren aufmache.

Weil Jesus davon überzeugt ist, dass der Wille des Vaters ihn im Hier und Heute erreicht, ist sein Verhalten durch und durch von der Freiheit gegenüber dem Gesetz bestimmt. Ein Weiteres kommt hinzu, was vor allem Paulus in seinen Briefen aufdeckt. Zwar geschieht auch für ihn im Gesetz eine Kundmachung des Willens Gottes, doch deckt der Apostel in seinen gesetzeskritischen Aussagen eine Urversuchung des „religiösen" Menschen auf, der sich durch peinlich genaue sittlich-religiöse, am Gesetz orientierte Leistungen vor Gott behaupten, ins Recht setzen und so im Grunde selbst sein Heil erwirken will. Gegen diesen Gesetzesdienst stellt Paulus Glauben und Glaubensgehorsam. Im Glauben versucht der Mensch nicht mehr, durch religiöse Gesetzesleistungen sich selbst in ein positives Verhältnis zu Gott zu bringen, hier erwartet er alles von Gott, der durch seinen Ruf und das Geschenk des Heiligen Geistes die gehorsame Lebensübereignung in Freiheit und Liebe überhaupt erst ermöglicht. In diesem Zusammenhang spricht der Apostel vom „Gesetz Christi" (Gal 6,2), vom neuen, durch den Glauben aufgerichteten Gesetz (Röm 3,31), vom Gesetz, das durch die Liebe erfüllt wird (Röm 13,10). Allein diesem „Gesetz" untersteht der Glaubende. Aber hier geht es im Grunde um kein „Gesetz" mehr im Sinne eines Ensembles von in Buchstaben und Paragraphen abgezirkelten Vorschriften, vielmehr ist das hier gemeinte Gesetz der Heilige Geist selbst, der von innen her leitet und führt (vgl. Gal 5,16). Es ist die Liebe Christi in uns, die dazu befähigt und drängt, den Willen Gottes zu erfüllen. Oder kurz gesagt: Das „neue Gesetz" ist – wie dies Thomas von Aquin auf unübertroffene Weise herausgestellt hat – der Heilige Geist in uns. Dieses „Gesetz" ist nicht mehr auf Tafeln aus Stein geschrieben, sondern in unser Herz gelegt; nicht mehr „Buchstaben, die töten", sondern dem „Geist, der lebendig macht", hat der Glaubende Gehorsam zu schenken (vgl. 2 Kor 3,3 ff). Nur dann folgt er dem Ruf Gottes. Wer glaubt, untersteht nicht einem harten gesetzlichen Zwang, einem überfordernden Anspruch, einem ihn entfremdenden „Muss". Ihm ist vielmehr ein neues „Können" und „Dürfen" geschenkt und die Einladung ausgesprochen: „Übereigne dein Leben Gott, indem du auf das hörst, wozu dich der Geist treibt!"

Bei aller Bedeutung für ein geordnetes Zusammenleben der Menschen und als Maßstab, der äußere Grenzen für ein rechtes, Leben förderndes Verhalten absteckt, hat das Gesetz somit eher eine dienende „Hilfsfunktion". Marc Oraison veranschaulicht das in folgendem Bild: Wenn ich mit dem Auto nach Marseille fahren möchte, mache ich Gebrauch von den Straßenschildern, die an allen Wegkreuzungen aufgestellt sind. „Wenn ich nach rechts einbiege, so tue ich das nicht aus Achtung vor den Wegweisern, sondern weil ich nach Marseille fahren will. Also bediene ich mich der Straßenschilder." Ähnlich sind auch Gesetze als weisende Zeichen unentbehrlich. „Aber das Gesetz ist nicht der Beziehungspunkt meiner Verhaltensdynamik"[42] und damit auch nicht das entscheidende Mittel, den Ruf Gottes an mich zu hören. Denn dieser Ruf kann über das Gesetz hinaus, neben dem Gesetz her und gegebenenfalls auch gegen das Gesetz (in seinem Buchstabensinn) ergehen. Darum bin ich nicht dispensiert von der persönlichen Suche und Frage: Gott, was willst du von mir?

Drittens: Gott spricht zu uns durch besondere „Vermittlungen":
(a) Gott spricht durch besonders berufene Menschen, etwa durch die großen Führergestalten und Propheten des Alten Testaments. „Zuletzt und endgültig aber hat er zu uns gesprochen durch den Sohn" (Hebr 1,2). Dieses Sprechen „durch den Sohn", in dem Gott sich ganz ausgesagt hat, ist in seiner ursprünglichen und normativen Bezeugung in der Heiligen Schrift aufbewahrt, die infolgedessen in zugespitztem Sinn „Wort Gottes" ist.
(b) Weiter spricht Gott zu uns durch die kirchliche Gemeinschaft, in welcher der Heilige Geist das Wort der Schrift je neu Leben werden lässt.
(c) Schließlich und endlich ruft Gott uns an durch die Ereignisse, die sich in der Welt und in der Geschichte im Großen und im Kleinen zutragen, in den Situationen und Begegnungen, die die heutige Gesellschaft und das eigene Leben ausmachen. Besonders das Zweite Vatikanische Konzil hat den „Zeichen der Zeit" erhöhte Aufmerksamkeit geschenkt

(GS 4; PO 9), deren Anruf im Licht des Evangeliums zu ergründen sind.[43]

In all diesen Vermittlungen kommt Gott auf uns zu, spricht er zu uns, ruft er uns an. So unterschiedlich aber diese verschiedenen Weisen auch sind, von ihnen allen gilt das Gleiche, was auch schon von den beiden ersten Vermittlungsgestalten gesagt wurde: Von ihnen gehen zunächst einmal nur „Signale" an mich aus, die „verstanden", d. h. die als Gottes Ruf für mich ganz persönlich gedeutet und erkannt werden müssen, so dass sich gleichsam Gottes Ruf aus einer Konvergenz zwischen Anruf und Ereignis „von außen" und Deutung „von innen" her „ergibt".

Aber damit stellt sich verschärft die Frage: Ist dann der vermeintliche Ruf Gottes letztlich nicht doch nur „eigene Deutung"? Hört man beim vermeintlichen Hinhören auf Gott dann doch nur sich selbst, seine eigenen Wünsche, Antriebe, Sehnsüchte?

Gehen wir ruhig einmal davon aus, dass man beim Nachsinnen und Nachdenken über das, was einem „an-gegangen" ist, tatsächlich sich selbst hört: Es sind die eigenen Gedanken, Einfälle, Ziele, die einem aufgehen; es ist das Ich, das sich selbst vernimmt. Aber – und das ist der alles entscheidende Faktor! – wenn dieses Ich sich im achtsamen Hören und in der Bereitschaft zur Verwirklichung des Gehörten Gott zuwendet, wenn es ehrlich und wahrhaftig das Wort Samuels nachspricht: „Rede, Herr, dein Diener hört!" (1 Sam 3,10), dann ist dieses „Ich" mehr als nur „es selbst", dann ist in ihm Gottes Heiliger Geist am Werk. Denn niemand besitzt die Willigkeit zum gläubigen Hören und die Bereitschaft, das von Gott Gehörte in die Tat umzusetzen, aus sich heraus. Es ist die Wirkmacht des rufenden Gottes, welche sich in uns Raum verschafft. Das „Ich", das sich in der Bereitschaft zum Hören Gott zuwendet, ist immer schon über seine „natürliche Immanenz" hinausgeführt; es ist ein von Gott ergriffenes und erfülltes Ich, in dessen geistigen Vollzügen (Nachdenken ...) darum auch

Gott selbst mit am Werk ist. Somit mag – vordergründig betrachtet – auch das Ich selbst es sein, das da im Nachsinnen und schweigenden Innehalten bestimmte „Stimmen", Gedanken, Ideen und Vorstellungen in sich hervorbringt; in Wirklichkeit und tiefer gesehen ist es Gott, der in und durch das eigene Ich spricht.

Darum braucht mich auch der Zweifel nicht – oder wenigstens nicht grundsätzlich – zu beunruhigen, der mich vor die Alternative stellt: War dies oder jenes, was ich zu hören glaubte, eine Stimme Gottes oder nur der inwendige Spruch des eigenen Herzens, vernünftige Einsicht, Äußerung des in der Erziehung eingeprägten Über-Ichs, rein subjektiv-emotionale Deutung eines Sachverhalts? Diese Alternative gilt dort, wo ich in Glaube und Hörbereitschaft, d. h. im Heiligen Geist, vor Gott hintrete, nicht. Gott spricht gerade durch mein Ich und durch die Welt, die das Ich als „seine" Welt erfährt und deutet. Ich selbst in der Gesamtheit meiner Bestimmungen – und dazu gehören ganz wesentlich auch die äußeren Ereignisse und Situationen, auf die ich verstehend und interpretierend zu reagieren habe – bin ein Ruf Gottes.

Insofern kann man auch sagen: „Gott ruft mich ins Eigene", d.h., Gott ruft mich „durch das Eigene", nämlich durch das, was ich selbst bin und durch die Herausforderungen, Möglichkeiten und Chancen der Welt, in die hinein meine Lebensgeschichte vernetzt ist, „ins Eigene", nämlich dorthin, wohin ich immer schon kraft meines Wesens und durch die Erfordernisse meiner Umwelt und Gesellschaft gedrängt werde. Das Axiom „Werde, der du bist!" bringt diesen Sachverhalt kurz und knapp zum Ausdruck.

An diese so „einfach", geradezu „elegant" erscheinende Lösung stellen sich aber Fragen: Ist es so eindeutig, was „mein Eigen", d. h. die Gesamtheit meiner Bestimmungen, ist, durch die Gott mich ruft? Steckt in uns allen nicht wenigstens eine Ahnung und Sehnsucht danach, mehr zu sein und mehr zu wollen, als was uns in unserer unmittelbaren Selbsterfahrung gegeben ist? Ein bekanntes Wort von Blaise Pascal lautet, dass „der Mensch den Menschen um ein Unendliches übersteigt". Gilt das nicht auch bezüglich meiner individuellen Bestimmung? Übersteigt nicht auch sie um ein Unendliches das, was mir jeweils von mir selbst aufgeht? Blitzt in uns nicht gelegentlich etwas auf „jenseits von dem, was uns gerade von der eigenen Wirklichkeit bewusst ist, [dass] viele ungelebte Hoffnungen da sind, brachliegendes und uns selbst unbekanntes Land, Möglichkeiten eines befreiteren und helleren Menschseins!"[44] Ist es mithin so klar, dass etwa der Drang nach Eigentum, nach höchstmöglicher Selbstverfügung und nach engen partnerschaftlichen Beziehungen – eine Sehnsucht, die wohl in jedem steckt – eo ipso auch schon der Ruf Gottes ist, der dazu auffordert, mich auf der Linie dieser Sehnsucht in Privatleben, Gesellschaft und Beruf zu verwirklichen? Gibt es demgegenüber nicht auch den Ruf in Lebensformen, wie sie etwa in den Evangelischen Räten von Armut, Gehorsam und Ehelosigkeit um des Reiches Gottes willen zusammengefasst sind, die völlig anders liegen und die zu dem, was mir „zu eigen" zu sein scheint, zunächst einmal querliegen, es buchstäblich durch-kreuzen? Ist die Nachfolge Jesu, die dahin führen will, dass Christus auf ganz persönliche und einmalige Weise in mir „Gestalt annimmt" (vgl. Gal 4,19), in der Verlängerung dessen zu suchen, was ich immer schon bin und als „mein Eigen" erfahre?

Diese Fragen greifen eine Kritik auf, die vor etwa fünf Jahrzehnten der große Schweizer Theologe Hans Urs von Balthasar an Karl Rahner gerichtet hat,[45] für den tatsächlich Gottes Ruf „ins Eigene" ruft und gerade darin erkannt wird, dass ich im Laufe meiner Lebensgeschichte der werde, der ich als „kristallisierter Ruf Gottes" immer schon bin.

Für von Balthasar (ebenso wie für seinen großen Lehrer Erich Przywara) ist dagegen Gottes Ruf an mich nicht so sehr der „Ruf ins Eigene", sondern vor allem der „Ruf ins Andere", ins Fremde und Befremdliche hinein. Es ist der Ruf, gerade das Eigene hinter sich zu lassen und dem gekreuzigten

Jesus zu folgen. „Verkaufe alles, was du hast, und gib das Geld den Armen ...; dann komm und folge mir nach!" (Mt 19,21). Gottes Ruf führt – wie es im Johannesevangelium heißt – „dahin, wohin du nicht willst" (Joh 21,18), nämlich ans Kreuz. Aber – paradoxerweise – findet gerade in der Aufgabe des Eigenen und in der Hingabe an den verfügenden Willen Gottes der Mensch seine eigentliche Vollendung. Denn wo dies geschieht, gilt die Zusage Gottes, dass aus dem Kreuz die Auferstehung, aus der Hingabe die endgültige Gabe, aus dem Tod das wahre Leben erwächst.

Diese theologisch anders geartete Konzeption von Balthasars hat für die Frage nach der Weise, wie ich den Ruf erkennen kann, prinzipielle Konsequenzen: Ich darf nicht nur auf *mich* blicken und in *mich* hineinhorchen, sondern habe mich intensiv mit Jesus Christus zu konfrontieren und mit dem Nachfolgeruf seines Evangeliums, der mir je persönlich gilt und der durch nichts anderes ableitbar oder verstehbar ist als durch die Tatsache, dass er mich ins Herz trifft: „Du, folge mir nach! So und nicht anders!" Der Blick auf die eigenen Fähigkeiten und Neigungen, die Einschätzung des eigenen Könnens und der eigenen Defizite gilt dabei wenig. Denn Gottes Ruf ist wirksamer Ruf. Er schenkt das, wozu er auffordert. Nicht die Beurteilung meiner Fähigkeit und Grenzen hat das letzte Wort, sondern der Blick auf die Möglichkeiten, die Gottes Ruf mir allererst schenkt. Aus ihm selbst erwachsen auch die Fähigkeiten, ihm Folge leisten zu können. Ein solcher Ruf ist also einzig und allein daran erkennbar, dass er an mich ergeht, dass ich ihm nicht ausweichen kann, sondern weiß: Ich bin jetzt gemeint, ich darf nicht kneifen, ich muss folgen, ich darf jetzt nicht den entscheidenden Kairos meines Lebens verpassen. Letztlich hat ein solcher Ruf keine andere Erkennbarkeit als die, welche Jeremia im Auge hat, da er zu Gott ruft: „Du hast mich betört, Herr, und ich ließ mich betören" (Jer 20,7). Der Ruf – wie von Balthasar ihn versteht – ist damit der unverfügbare „Ruf ins Andere"; er kann vom Berufenen gewissermaßen nur „positivistisch", d. h. in seiner ganzen sperrigen Befremdlichkeit, entgegengenommen werden.

Es würde hier zu weit führen, auf die gerade angedeuteten kontroversen Positionen von Rahner und von v. Balthasar näher einzugehen. Es sei nur mit Nachdruck behauptet: Beide Positionen gehören zwar mit unterschiedlicher Akzentuierung, aber doch unauflösbar zusammen und sind unzertrennbar einander zugeordnet: Der „Ruf ins Eigene" ist nur dann christlich konsistent – und das gibt Rahner auch deutlich zu erkennen –, wenn das, was ich von meinem „Eigenen" erfahre, durch Christus und seinen Nachfolgeruf konkretisiert, ja in manchem auch „umgebrochen" wird; und der „Ruf ins Andere" – im Sinne von Balthasars – bedeutet nur dann keine irrationale Selbstzerstörung und keinen Masochismus, wenn er sich einer Verheißung anvertrauen darf, die ihm tiefste Erfüllung des Menschseins zusagt.

Daraus ergibt sich für die Frage nach der Erkennbarkeit des Rufes, dass es auf Grund der Verschränkung beider Ansätze nicht ausreicht, zur Erfassung des eigenen Rufes nur auf das je Eigene, auf die eigenen Charismen, Neigungen und inneren Wünsche zu blicken, sondern dass unaufgebbar dazukommen muss das vorbehaltlose Sich-Konfrontieren mit Jesus Christus, die persönliche Begegnung mit ihm in Wort und Sakrament sowie im notleidenden Bruder und in der notleidenden Schwester. Jesus Christus hat – wie Paulus sagt – „mich geliebt und sich für mich hingegeben" (Gal 2,20). Und so hat er auch für mich einen persönlichen Weg der Nachfolge vorgesehen, welchen ich dann erfahren kann, wenn ich auf ihn blicke und auf ihn höre.

Damit haben wir eine doppelte Antwort auf die Frage nach der Erkennbarkeit des Rufes gefunden. Erstens: Nimm dich wahr, wie du bist und wer du bist, und lass dir sagen: Dein Wesen mit all seinen Fähigkeiten und Grenzen sowie dein Verwobensein in eine bestimmte geschichtliche Situation, kurz: die Gesamtheit deiner Bestimmungen ist die Grundlage, gewissermaßen die bleibende Vorgabe des Rufes Gottes, der dich dein Leben lang trifft und betrifft. Und zweitens: Höre auf das Evangelium, stelle dich der Person Christi. Und wo du betroffen bist, da frage dich, ob du nicht persönlich gemeint bist, ob du nicht in tiefem Frieden, innerem Trost und erfahrbarer Stimmigkeit stehst, wenn du darangehst, diesen Ruf anzunehmen, ihn dir zu eigen zu machen und darauf zu antworten.

Hinweise für die Praxis des Hörens

Aus diesen Überlegungen ergibt sich eine Reihe von wichtigen Folgerungen für die geistliche Praxis.

(1) Um Gottes Ruf an mich zu vernehmen, habe ich zur Heiligen Schrift zu greifen, die ja in einmaliger Weise Wort Gottes ist. Freilich, was Gott mir persönlich mit diesem oder jenem Text sagen will, das muss ich beim Lesen oder Meditieren im Hören auf die Stimme meines Innern, in dem Gottes Geist mich lockt und drängt, erst herausbringen. Dass mich ein Satz der Schrift, ein Bild oder eine Gestalt besonders anspricht, mir „zu denken" gibt und mich zum Handeln motiviert: Gerade darin darf ich den besonderen Ruf Gottes an mich entgegennehmen. Etwas Ähnliches gilt von der Begegnung mit „Vermittlungsinstanzen", durch die mir das Wort der Schrift nahegebracht wird: Predigt, geistliche Gespräche, Beschäftigung mit dem Leben der Heiligen, Begegnung mit heiligmäßigen Menschen usw. Von all dem geht eine Botschaft aus, die freilich in der hörenden Bereitschaft: Gott, was willst du *mir/uns* damit sagen?, erst noch zu „entziffern" ist.

Darüber hinaus aber ist es wichtig, mit allem Ernst aufmerksam Tag für Tag zu fragen: Wo, in welchen Ereignissen und Begegnungen, in welchen Verhältnissen und Konstellationen meiner kleinen und großen Lebenswelt liegt ein Anruf Gottes verborgen? Und weil wir im hektischen Getriebe und programmierten Ablauf des Alltags so oft dessen Anrufcharakter übersehen, brauchen wir irgendwann einmal ein paar Minuten Distanz, um zurück- und vorzublicken, um die vielen oft so zufällig und selbstverständlich erscheinenden, so anonym und belanglos ablaufenden Ereignisse des Tages daraufhin abzufragen: Wo sprach und wo spricht darin Gott?

In ihrem bloßen Ablauf erscheinen die vielen kleinen und wenigen großen Ereignisse nicht selten als ein „Es", d.h. als etwas, das sich ergibt, sich einstellt, was unterläuft und „passiert". Im kurzen Innehalten soll in der „Hörsamkeit" des Glaubens – um einen Satz von Sigmund Freud zu variieren – aus dem „Es" ein „Du" werden. Das heißt: Ich soll zu erkennen suchen, ob und wo hinter den auf den ersten Blick beiläufigen Vorkommnissen – dem „Es" – das „Du" Gottes steht, der mich persönlich anspricht und eine persönliche Antwort von mir erwartet. Es geht darum, sich die Blick- und Hörweise Jesu zu eigen zu machen. Er sah in der Schönheit der Lilien auf dem Feld und in der Nahrung, welche die Vögel des Himmels finden, ein Zeichen für die Sorge und Liebe Gottes zu seinen Geschöpfen; und Begebenheiten seiner Zeit, wie z.B. den Zusammenbruch eines Turmes oder eine politische Mordtat (Lk 13), vernahm er als einen Anruf Gottes, der damit den Menschen zur Umkehr bewegen will. So waren Welt und Geschichte für Jesus durch und durch transparent für Gottes Stimme und Ruf.

Im Hören auf Gottes Ruf kann auch für uns dieser Wechsel vom „Es" zum „Du" geschehen. „Was ‚Es' war, soll ‚Du' werden": Was sich zunächst so anonym, so zufällig, ja gelegentlich so banal zuträgt, sei es, dass wir selbst es erleben, sei es, dass Zeitungen und Fernsehen davon berichten, das sollen die „Ohren des Glaubens" auf seine eigentliche Tiefe hin ablauschen. Nur dass wir, ausgegossen in die Hektik des Alltags mit seinen funktionalisierten menschlichen Beziehungen, mit seinem Leistungs- und Erfolgsstreben, mit seiner Jagd nach kurzfristiger Befriedigung unserer Bedürfnisse und Sehnsüchte, den Transparenz- und Signalcharakter der alltäglichen Begebenheiten so oft übersehen. Die Verwandlung des „Es“ zum „Du“ setzt Innehalten und Distanz vom Handeln voraus.[46]

Ein solches Innehalten zur aufmerksamen Befragung des konkreten Lebens mag man „Gewissenserforschung“ nennen, nur verbindet man mit diesem Wort eher die Frage nach Sünde und Versagen. Und das ist hier nicht in erster Linie gemeint. Vielmehr geht es um ein Erfragen dessen, was Gott mir hier und heute zu sagen hat. Diese Art des betenden Nachdenkens vor Gott wird heute gelegentlich das „Gebet der Verantwortung“ oder das „Gebet der liebenden Aufmerksamkeit“ genannt.[47] Beides ist eine gute Bezeichnung, denn gemeint ist ein Gebet, in dem man aufmerkt, um Gottes Wort zu erhorchen und ihm Antwort zu geben.

Die Praxis eines solchen Gebets, d. h. eines ruhigen kurzen Nachdenkens vor Gott, vor allem zu Beginn der zweiten Tageshälfte, ist unumgänglich wichtig, um „ganz Ohr“ für den Anruf der Stunde zu sein. Wer diese Art zu beten beginnt, wird anfangs eher erfahren, wie oberflächlich man den Alltag durchlebt, wie man Zeichen übersieht und Anregungen überhört. Mit der Zeit aber wird man sensibler für die Stimme Gottes hinter den Ereignissen. Man erkennt sozusagen mehr und mehr die Handschrift Gottes in den zunächst rätselhaft erscheinenden Hieroglyphen des Tagesablaufs. Darum ist die Praxis eines solchen „Gebetes der liebenden Aufmerksamkeit“ für alle, die ein entschiedenes geistliches Leben führen wollen, nachdrücklich anzuraten. Es geht darum – wie Paulus sagt –, „die Stunde auszukaufen“ (Eph 5,15). Denn „in jeder verbirgt sich für den Glauben wie die Perle in der Muschel das Selbstgeschenk Gottes im Heiligen Geist“[48].

Ein solches kontemplatives Bedenken des Alltags mit dem Ziel, ihn auf seinen Signalcharakter hin abzuhören, kann auch in Gemeinschaft mit anderen geschehen. Man nennt es dann „revision de vie“, wörtlich: Noch-einmal-Sehen des Lebens, „Lebensrückblick“. Im Deutschen wird „revision de vie“ oft mit „Lebenserneuerung“ übersetzt, weil das gemeinsame

Hören auf den Ruf Gottes zu einem neuen Aufbruch des geistlichen Lebens führen soll.

(2) Über das tägliche kurze „Gebet der liebenden Aufmerksamkeit“ hinaus sind für die Praxis des Gehorsams wenigstens gelegentlich auch längere Gebetszeiten unabdingbar. Es ist die schweigende Kontemplation, welche die verschiedenen „Signale“ des Alltags sammelt. Dies ist ja auch der Wortsinn von Kontemplation: zusammen-sehen, sammeln. Das Hören vor Gott, zumal vor einer Neuorientierung des eigenen Lebens oder vor einer wichtigen Entscheidung, die man für sich oder andere zu treffen hat, vollzieht sich in der „sammelnden“ Stille. In der Offenbarung des Johannes steht der Satz: „Siehe, ich stehe vor der Tür und klopfe an. Wenn einer meine Stimme hört und mir auftut, so will ich Mahl mit ihm halten und er mit mir“ (3,20). Im Anschluss daran kommentiert Heinrich Spaemann: „In der Innerlichkeit des Schweigens, wenn das Hören zum Lauschen wird, wird dieses Klopfen gehört, diese Stimme vernommen. Das Licht kommt zu denen, die Dunkel erfahren, das erweckende Wort zu denen, die selber nicht mehr das Wort haben. Dazu aber muss das Schweigen tief genug gehen und ausdauernd genug sein.“[49]

Wenn man so das Schweigen vor Gott sucht, um in der Bereitschaft, sein Wort zu hören, das eigene Leben mit seinen Fragen und Problemen zu bedenken, so treten in der Regel Stimmen auf, man „kommt auf etwas“, Gedanken und Neigungen stellen sich ein. Aber – und hier liegt nun die große Schwierigkeit – es sind Stimme*n, nicht nur eine Stimme,* es ist oft ein ganzes Gewühl von Ideen, Vorstellungen und Gedankenblitzen.

Damit stellt sich die Frage: Wo ist Gottes Stimme unter den vielen, vielen Stimmen und Gegenstimmen? Was nützt mir die Glaubensüberzeugung, dass Gott in mir und durch mich spricht, wenn sich auch ganz andere Faktoren in mir Gehör verschaffen: Da sind auch die Stimmen meines Egoismus und meiner unbeherrschten Triebhaftigkeit, da sind die verinnerlichten Stimmen von Autoritäten und gesellschaftlichen Plausibilitäten, da sind die Reflexe meiner Umgebung so gut wie Fantasie- und Gefühlsvorstellungen aller Art, die von meinen jeweiligen Stimmungen und Launen abhängig sind. Wo spricht in all dem Gott, wo ist da Gottes Heiliger Geist am Werk?

Geistliche Unterscheidung

Was heißt „Unterscheidung“?

Die Erfahrung der Vielfalt und Widersprüchlichkeit innerer „Stimmen“ und damit das Hin- und Hergerissensein vor Entscheidungen ist uralt, so alt, wie überhaupt Menschen bewusst auf Gott hören wollten. Aber diese Vielstimmig- und Vieldeutigkeit war auch der Anlass, Kriterien zu suchen und zu finden sowie Maßstäbe und Regeln zu formulieren, um den unverwechselbaren Klang der Stimme Gottes aus dem Gewühl dessen, was nicht von Gott ist, herauszuhören. Gott wäre nicht Gott und sein Ruf an uns nicht ernst gemeint, wenn seine Stimme sich nicht von jeder anderen unterscheiden ließe.

Dieser Unterscheidungsvorgang heißt in traditioneller Sprache „Unterscheidung der Geister“. Der Ausdruck geht auf eine neutestamentliche Formulierung zurück: In 1 Kor 12,10 nennt Paulus in einer Aufzählung der verschiedenen Charismen, die sich in der Gemeinde finden, auch die „Fähigkeit, die Geister zu unterscheiden“. Da unmittelbar vorher das Charisma der „prophetischen Rede“ genannt wird, ist mit dem Charisma der Unterscheidung offenbar jene besondere Gabe gemeint, die zwischen wahren und falschen Propheten zu unterscheiden vermag, d. h. zwischen Menschen, die Gottes Wort wirklich zur Sprache bringen, und denen, die aus eigenem Antrieb bzw. aus dem Antrieb eines „bösen Geistes“ heraus reden. Die Notwendigkeit zu solcher Unterscheidung stellte sich bereits im Alten Testament. Denn in der ganzen, vornehmlich von Propheten geprägten Geschichte Israels war es eine Frage auf Leben und Tod, wahre und falsche Propheten bzw. solche, die aus dem „Geist der Wahrheit“ und dem „Geist des Unrechts“ sprachen, auseinanderzuhalten und dafür Kriterien zu entwickeln.[50]

Auf der gleichen Linie wie 1 Kor 12,10 liegt 1 Thess 5,19 ff. Hier legt Paulus der Gemeinde einerseits die Wertschätzung des prophetisch-charismatischen Wortes nahe, andererseits aber fordert er sie auf: „Prüfet alles und behaltet das Gute." Auch 1 Joh 4,1–6 spricht ausdrücklich von einer Prüfung der Geister: „Traut nicht jedem Geist, sondern prüft die Geister, ob sie aus Gott sind; denn viele falsche Propheten sind in die Welt hinausgezogen." Mit „Geistern" sind hier auf der einen Seite offenbar Irrlehrer gemeint, die, vom bösen Geist inspiriert, Christus leugnen, und auf der andern Seite die Lehrer der wahren christlichen Überlieferung. Die Unterscheidung zwischen beiden Seiten wird jedem Christen zugemutet. Denn „da wir nicht den Geist der Welt empfangen haben, sondern den Geist, der aus Gott stammt, erkennen wir auch, was uns von Gott geschenkt worden ist" (1 Kor 2,12). Unterscheidendes Erkennen ist also *nicht nur* ein besonderes Charisma, vielmehr ist *jeder Christ* gehalten, „geistlich" zu leben und dabei unterscheidend zu erkennen zu suchen, „was der Wille Gottes, was gut und wohlgefällig und vollkommen ist" (Röm 12,2).

Während sich also im Neuen Testament die Bezeichnung „Geister" eher auf die Unterscheidung zwischen Menschen bzw. Menschengruppen bezieht, die vom Geist Gottes oder vom teuflischen Ungeist getrieben sind, wird in der nachbiblischen Zeit – vor allem durch Origenes – dieser Horizont ausgeweitet: Jeder ist über den *äußeren* Einfluss von guten oder bösen Menschen („Geistern") hinaus auch *in sich selbst* dem Einfluss guter oder böser Geister ausgesetzt, deren An-Regungen es auseinanderzuhalten gilt. An diese Vorstellung knüpft das frühe Mönchtum an. „Gerade weil die Eremiten ‚monachoi', ‚allein' waren, kam es darauf an, die ‚Geister', d. h. ihre inneren Anregungen, unterscheiden zu können"[50]. Die Mönche befanden sich in einem beständigen Kampf gegen überhandnehmende innere Versuchungen, Triebe und täuschende Phantasiegebilde. Für sie stand in diesem Kampf mit dämonischen Mächten alles auf dem Spiel. Deswegen nahm bei ihnen die Praxis der Unterscheidung den allerhöchsten Rang ein. Der Mönchsvater Antonius hielt darum – wie Johannes Cassianus berichtet – die Unterscheidungsfähigkeit für „die Mutter, Wächterin und Lenkerin aller Tugenden“[51].

Die geistlichen Erfahrungen der Mönche, vor allem auch die von ihnen gefundenen Kriterien und Maßstäbe der rechten Unterscheidung, wurden, in Regeln formuliert, bewahrt und tradiert. Vor allem durch Johannes Cassian gelangten sie in die Westkirche und wurden auch hier weiterüberliefert. Doch erhielt im Westen der Unterscheidungsvorgang schon bald eine einseitige Nuancierung. Man fragte für die Unterscheidung nicht mehr so sehr nach Herkunft und qualitativem Wesen der „Geister“, also der verschiedenen Anregungen, Stimmen und Triebe, sondern die Unterscheidung (discretio) wird *entweder* nahezu identisch gesetzt mit der Haltung der „‚Klugheit‘, die es versteht, Maß und Mitte zwischen den Extremen zu halten“[52], d. h. zu unterscheiden zwischen einem Zuviel oder einem Zuwenig an asketischem Bemühen, Frömmigkeitsübungen und menschlichem Tugendstreben, *oder* die Unterscheidung wird *tout court* mit dem Gewissensurteil über Gut und Böse identifiziert.[53] Demgegenüber knüpft vor allem Bernhard von Clairvaux in seiner Unterscheidungslehre wieder mehr an die Heilige Schrift und das frühe Mönchtum an. Für ihn ist das entscheidende Kriterium allen geistlichen Tuns die „conformitas cum Christo“ – die „Gleichförmigkeit mit Christus“. Gottes Ruf ist daran erkennbar, dass er zur größeren Ähnlichkeit mit Jesus führt.[54]

Hatte im kirchlichen Altertum und frühen Mittelalter die Unterscheidung der Geister vornehmlich das persönliche geistliche Leben zum Gegenstand, so weitete sich etwa ab der Mitte des 13. Jahrhunderts der Horizont. Neue Fragen tauchten auf. *Erstens* hatten Visionen und Offenbarungen, Prophezeiungen und abergläubische Praktiken Hochkonjunktur, so dass sich dringend die Frage nach ihrer Beurteilung, also nach der Unterscheidung zwischen echten und falschen Vorgängen, stellte. *Zweitens* war in den Jahren des Großen Abendländischen Schismas mit seinen bis zu drei konkurrierenden Päpsten ständig die Frage präsent: Woran lässt sich der gottgewollte und einzig legitime Papst erkennen? Was sind die geistlichen Kriterien für die „rechte" Gefolgschaft? Deshalb wurden jetzt mit großem Nachdruck von den Theologen – zu nennen ist hier besonders Johannes Gerson – Kriterien zur Unterscheidung der damals bedrängenden offenen Fragen gesucht und vorgelegt.

Eine nochmals neue Pointierung erhält die „Unterscheidung" durch Ignatius von Loyola.[55] *Erstens*: Er stellt die Unterscheidung der Geister hinein in das Suchen und Bemühen des Menschen, im Hören auf Gottes Ruf eine (grundsätzliche) Lebenswahl zu treffen oder eine schon getroffene zu stärken. Deshalb ziehen die von ihm entworfenen Exerzitien den Exerzitanden dezidiert in einen Unterscheidungsprozess hinein. *Zweitens*: Zwar fragte man auch schon im Altertum und Mittelalter vor Entscheidungen, welche Stimmen und Anregungen vom guten und welche vom bösen Geist kämen, um dem einen zu folgen und den andern zurückzuweisen. „Ignatius aber ‚provoziert' gewissermaßen Trost und Trostlosigkeit in den Meditationen und der Wahl, um so experimentell herauszufinden, welches der Wille Gottes für eine ganz konkrete Person unter ganz konkreten Umständen wäre."[56] „Trost" und „Trostlosigkeit" (gelegentlich auch mit „Misstrost" übersetzt) sind dabei gewissermaßen „Containerbegriffe" für eine ganze Vielfalt von gegensätzlichen „Bewegungen der Seele"[57]. Auf diese gilt es, vor allem im Rahmen von länger andauernden Exerzitien, aufmerksam zu achten, weil sich eben darin kund tut, ob in der Seele der rufende Gott oder der verführerische böse Geist am Werk ist.[58] Besonders durch die Verbreitung der Exerzitien hat die ignatianische Unterscheidungslehre die neuzeitliche Spiritualität der Westkirche nachhaltig geprägt.

Blicken wir schließlich auf die Gegenwart, so denken neuere Autoren bei der „Unterscheidung der Geister" weniger an Geister im Sinne von Engeln oder Dämonen, sondern an die Stimme des Heiligen Geistes auf der einen Seite und an die Stimme des vom Geist Gottes nicht oder noch nicht erfassten oder auch von persönlicher Schuld und/oder sündiger Welt geprägten eigenen Ichs auf der anderen Seite. Deshalb ist heute eher von „geistlicher Unterscheidung" die Rede.

Solche Unterscheidung ist für die meisten von uns, deren spiritueller Ort vielfach das trübe Grau zwischen Gut und Böse, Glaube und Unglaube, Entschiedenheit und Trägheit ist, nicht leicht. Wenn die Bereitschaft zum Hören und zur Lebenshingabe an Gott vermischt ist mit der Angst vor der Helle des göttlichen Rufes und mit der Furcht, die erträgliche „Wohnung", in der man sich ganz schön eingerichtet hat, zu verlieren, wenn man lieber seine eigenen Lebensideale entwirft, statt sie hörend von Gott entgegenzunehmen, so ist damit zu rechnen, dass die Stimme Gottes immer schon „gefiltert" ist durch ebendiese vorgegebenen Ambivalenzen und Unentschiedenheiten und dass sie sich leicht im Gewühl der vielen anderen Stimmen verliert. Deshalb ist ein vielleicht lang andauernder Prozess der Unterscheidung vonnöten.

Für einen solchen Prozess kennt – wie erwähnt – schon die Heilige Schrift, dann aber vor allem die geistliche Erfahrung der kirchlichen Tradition eine Vielzahl von Kriterien und Regeln. Gewöhnlich werden sie „Regeln zur Unterscheidung der Geister" genannt. Es geht darum, mit ihrer Hilfe zu erkennen, wo Gottes Geist (= Gottes Ruf und Stimme) unter den vielen Geistern und Stimmen ist oder wo sich nur die Stimme der eigenen Selbstbehauptung, bösen Neigung und Trägheit oder auch des eintrainierten Über-Ich, die Reflexe der Umwelt oder eine überreizte Phantasie zu Wort melden.

Von diesen Regeln der geistlichen Tradition sollen im Folgenden einige, längst nicht alle, die für den christlichen Alltag und die darin anstehenden Entscheidungen von Wichtigkeit sein können, entfaltet, mit zahlreichen Zitaten aus der kirchlichen Tradition belegt und mit einigen Fallbeispielen illustriert werden. Dabei ist aber zu betonen, dass es nicht ausreicht, nur *eine* von den folgenden Regeln anzuwenden; alle zusammen oder wenigstens die meisten von ihnen müssen auf das Gleiche hin konvergieren. Schon Johannes Gerson schreibt zu Anfang des 15. Jahrhunderts: „Ein Zeichen allein, oder ein zweites oder wenige, können in die Irre führen, wenn man nicht viele zusammen sammelt."[59] Nur da, wo die Kriterien konvergieren, darf man annehmen:[60] Diese und nur diese Stimme, diese und nur diese Anregung stammt von Gott, dieser und nur dieser Ruf kommt mir von Gott zu, der darin um meine Antwort wirbt.

Regeln zur geistlichen Unterscheidung

1. Regel

Allein die „Stimme", die sich auf ein Wort der Heiligen Schrift, insbesondere auf ein bestimmtes Verhalten oder eine Weisung Jesu zurückführen lässt, ist unter den vielen anderen Stimmen die Stimme Gottes. Mit „zurückführen" ist gemeint: Nur wo eine innere Anregung mir ein Schriftwort, besonders einen Zug der Gestalt Jesu, auf mein Leben hin übersetzt und konkretisiert, ist Gottes Geist am Werk. Umgekehrt: Das, wofür es keinerlei Anhalt in der Heiligen Schrift gibt, ist wohl kaum als ein Ruf Gottes an mich zu interpretieren.

Diese Regel ist die wichtigste von allen, sie ist die „Grundlage jeder geistlichen Unterscheidung."[61] Deswegen zieht sie sich auch von der frühen Zeit der Wüstenväter bis in die Gegenwart durch. Schon Antonius, der Vater des Mönchtums, schärft ein: „Was du auch tust, oder was du auch redest: für alles suche ein Zeugnis in den Heiligen Schriften."[62] Im Mittelalter stellt Heinrich von Friemar als oberste Unterscheidungsregel heraus: „Das erste Zeichen (für die Stimme Gottes) besteht darin, dass das, wozu du dich angetrieben fühlst, dich dem Beispiel Christi und seiner Heiligen ähnlicher macht."[63] Und für die Neuzeit sei Bruder Karl (Charles de Foucauld) genannt, der diese Regel sogar dahin zuspitzt: „Frage dich in allen Dingen: Was hätte unser Herr getan? und handle ebenso! Dies ist deine einzige Regel, aber es ist deine unbedingte Regel!"[64]

Natürlich wissen wir nicht, wie Jesus sich angesichts bestimmter Probleme und Fragen von heute verhalten hätte. Und deswegen hat man sich auch vor einer missbräuchlichen, ja manipulativen Anwendung dieser Regel zu hüten.

Ein Fallbeispiel: Vor der Bundestagswahl 1967 gab es Pins bzw. Buttons mit der Aufschrift „Jesus würde Brandt wählen!" Woher soll man aber so etwas wissen und worin sollte dieser Aufruf gründen? Mit solchen „Beschwörungen" lässt sich im Grunde jede politische Entscheidung mit einer religiösen Ideologie rechtfertigen. Demgegenüber ist es kirchliche Lehre, dass es eine (relative) „Autonomie" der weltlichen Sachbereiche gibt, zu denen auch die Politik gehört. Siehe dazu die Ausführungen des II. Vaticanums in „Gaudium et spes" Nr. 36.

Dennoch haben wir mindestens ein Gespür dafür, dass bestimmte Verhaltensweisen, zu denen wir uns gedrängt fühlen, für Jesus nicht in Frage gekommen wären, andere ihm dagegen nahegelegen hätten. „Wir haben – so Paulus – den Sinn (oder auch das ‚Gespür') Christi" (2 Kor 2,16),[65] ein Empfinden dessen, wohin der Heilige Geist Jesus „getrieben" hat (vgl. Mk 1,12) und wohin der gleiche Geist auch uns/mich treibt. Deswegen ist jede An-Regung, die ich von Gott her zu empfangen glaube, auf ihre Stimmigkeit oder Un-Stimmigkeit in Bezug auf Jesus Christus zu prüfen.[66] Mag dies in manchen konkreten Situationen auch schwierig sein: In jedem Fall eröffnet die Aufforderung, sich in einer Entscheidung an der Heiligen Schrift, besonders an Jesus Christus, zu orientieren, eine andere, neue und zutreffendere Perspektive. Das anstehende Problem wird gewissermaßen aus dem geschlossenen

Zusammenhang von Plausibilitäten des „common sense“, der Mehrheitsmeinung und der Vernunft herausgeführt und in die Weite der Möglichkeiten Gottes hineingestellt.

Das gilt auch von gemeinsamen Beratungen und Prozessen der Entscheidungsfindung. Manch einer hat da schon die Erfahrung gemacht, dass in Situationen, in denen sich zwei polarisierte Meinungen einander aggressiv gegenüberstanden, die Frage: Wie hätte Jesus gehandelt? sehr oft nicht unbedingt zu einer Lösung, wohl aber zu einem Perspektivenwechsel führen konnte, nämlich die zur Entscheidung anstehende Frage nicht in sich selbst oder auf seine eigenen Interessen hin, sondern auf dem Hintergrund des Rufes und Willens Gottes zu betrachten.

Der Grund für diese erste Regel ist klar: Gott hat sein Wort und seinen Willen in der von der Heiligen Schrift bezeugten und tradierten Heilsgeschichte mitgeteilt, ja in Jesus Christus hat er sich ganz und gar ausgesprochen. Darum muss sich alles, was ich hier und heute in seinem Ruf an mich zu hören glaube, an der Heiligen Schrift, insbesondere an Jesus Christus, messen lassen. Anders formuliert: Der Klang seines Rufes hier und heute hat den gleichen unverwechselbaren Klang, der auch in der Heiligen Schrift zu finden ist.

Es würde hier zu weit führen, alle Eigenarten, Klangfarben, Ober- und Untertöne dieser Stimme zu beschreiben. Nur einige charakteristische Merkmale dieses Klangs seien genannt: Jesu Gehorsam führte zur völligen Lebenshingabe an den Vater und dessen Auftrag; er führte in Leiden und Anfechtungen, sein Gehorsam war ein Gehorsam „bis in den Tod“. So wird auch der Ruf Gottes an uns heute normalerweise nicht das für uns Bequemere und das unserer Trägheit Entsprechendere zur Sprache bringen. Er wird uns nicht bestätigen in unserer Ichsucht und in den eingefahrenen Geleisen unseres Lebens, auch nicht in den gesellschaftlichen Selbstverständlichkeiten und in den Rollenerwartungen, die andere an uns herantragen, er wird uns vielmehr so oder so tiefer in die Nachfolge Jesu führen, in das „Verlieren des Lebens, um es zu gewinnen".

Darum formuliert der schon genannte Heinrich von Friemar als Unterscheidungskriterium: „Zeichen (der Stimme Gottes) ist es, wenn dich das, wozu du dich angerufen fühlst, demütiger und kleiner macht, so dass du im Eingehen auf diese Anregung demütiger und kleiner wirst als ohne sie."[67] Ganz ähnlich heißt es in der „Nachfolge Christi" des Thomas v. Kempen:

> „Die Natur [gemeint ist die von der Sünde infizierte Natur, also die Stimme des Ungeistes im Menschen] ist auf ihren eigenen Vorteil bedacht und achtet darauf, was für einen Nutzen sie selbst aus etwas zieht. Die Gnade aber [die Stimme des Heiligen Geistes] ist nicht auf den eigenen Nutzen und Vorteil gerichtet, sondern eher auf das, was vielen anderen nützt. Die Natur nimmt gern selbst Ehre und Anerkennung entgegen, die Gnade dagegen gibt getreulich Gott Ehre und Lobpreis."[68]

Deshalb wird die Stimme Gottes sich oft nicht in die eigenen Wunsch- und Zielvorstellungen und auch nicht in die Vernünfteleien und Plausibilitäten der Zeit einfügen, sondern quer dazu stehen und – gleich dem Ruf an Abraham – sagen: Zieh fort, bleibe nicht, wo du bist, handle anders! Gott bestätigt uns oft nicht in dem, was wir sind, sondern er will uns weiterführen zur größeren Gleichgestalt mit seinem Sohn.

Kurz noch einmal die erste Regel: *Nur die Stimme, die sich auf ein Schriftwort, insbesondere auf ein Verhalten Jesu, zurückführen lässt, ist unter den vielen anderen Stimmen die Stimme Gottes.*

2. Regel

Diese steht in einer gewissen Spannung zur ersten. Sie lautet: *Gottes Ruf ist vernünftig*. Weil Gott mit Weisheit und Vernunft die Welt geschaffen hat und all seine Werke weise geordnet sind, ist auch Gottes Ruf nicht einfach unsinnig, widervernünftig, irrational. Der im Glauben geforderte Gehorsam ist ein „obsequium rationi consentaneum", ein der Vernunft entsprechender Akt, wie das I. Vatikanische Konzil sagt. Die gesamte christliche Moraltheologie und Ethik hat darum immer die Klugheit zu den Kardinaltugenden gezählt. Kurz: „Nicht ‚mit dem Logos' handeln ist dem Wesen Gottes zuwider", sagt Papst Benedikt XVI. in seiner berühmt-berüchtigten Regensburger Vorlesung.[69]

Gewiss stellt sich der Ruf Gottes nicht einfach als Ergebnis vernünftiger Reflexion und Argumentation dar.

> „Denn da die Welt angesichts der Weisheit Gottes auf dem Weg ihrer Weisheit Gott nicht erkannte, beschloss Gott, alle, die glauben, durch die Torheit der Verkündigung zu retten. Die Juden fordern Zeichen, die Griechen suchen Weisheit. Wir dagegen verkündigen Christus als den Gekreuzigten: für Juden ein empörendes Ärgernis, für Heiden eine Torheit ... Das Törichte in der Welt hat Gott erwählt, um die Weisen zuschanden zu machen, und das Schwache in der Welt hat Gott erwählt, um das Starke zuschanden zu machen" (1 Kor 1,21 f).

Darum kann sein Ruf sehr wohl gegen menschliche Vernünfteleien und allzu schlüssige Argumentationsketten stehen, vor allem gegen einen gesellschaftlichen Vernunftgebrauch, der nur die Normativität des Faktischen ideologisch absegnet mit beschwichtigenden Worten wie: „Sei doch ‚vernünftig', so handeln alle!", und der die Torheit des Kreuzes und die „Vernunft" des Evangeliums, die „höher ist als alle Vernunft", nicht wahrhaben will. Doch deswegen ist Gottes Ruf nicht *wider* alle Vernunft. Rein irrationale Ideen, Gedankenspiele und fantastische Übersteigerungen, die mit der Wirklichkeit nichts zu tun haben, sind Zeichen des Ungeistes, nicht des Geistes Gottes.

Beispiele solcher nicht dem Geist Gottes entsprechenden Widervernünftigkeiten sind z. B. im Mittelalter die Kinderkreuzzüge gewesen, auf denen man unbewaffnete, nicht einmal mit den nötigsten Lebensmitteln ausgerüstete Kinder auf den Weg zur Eroberung der Heiligen Stätten in Jerusalem schickte. „Deus lo vult!" – „Gott will es!", rief man damals aus, ohne diesen vermeintlichen Willen Gottes dem Kriterium der Vernunft unterstellt zu haben. Kein Wunder, dass all diese und ähnliche Unternehmungen mit entsetzlichen Opfern auf tragische Weise gescheitert sind.

Demgegenüber haben die Lehrer des geistlichen Lebens für den Entscheidungsprozess immer wieder hervorgehoben: „Was vom Bösen kommt, entspringt oft der Unvernunft. Deshalb gilt: So wie die Stimme des Bösen dem Menschen überhaupt fremd ist [d. h. ihn von sich entfremdet], so ist sie auch meist der menschlichen Vernunft fremd."[70] Folglich ist ein Kriterium dafür, dass eine Anregung nicht von Gott kommt, dass diese sich allzu unkritisch wider die Vernunft auf eine angebliche besondere göttliche Führung, Eingebung und Erleuchtung beruft, ohne zu prüfen, ob diese mit der Wirklichkeit und ihren Ordnungen und Gesetzen übereinstimmt. Heinrich von Langenstein schärft in diesem Zusammenhang den Satz des hl. Augustinus ein: „Gott lenkt alle Dinge so, dass er die in ihnen angelegte und ihnen gegebene Natur und deren Dynamik sich verwirklichen lässt."[71] Dass also Gott die Dinge sein lässt, was sie von Schöpfung her sind, und dass er sie gerade in ihrem Sosein gütig begleitet und weiterführt, darin besteht die Vollkommenheit des Schöpfers.

Deshalb ergeht auch ein besonderer Ruf Gottes nicht gegen die eigenen Veranlagungen und Fähigkeiten oder gegen andere Ordnungen und Strukturen der geschaffenen Realität, sondern er bewegt sich im Rahmen der vorgegebenen Wirklichkeit, die man kraft der Vernunft erkennen kann. In diesem Sinne ist die Unterscheidungsregel gemeint: *Gottes Stimme ist vernünftig.*

3. Regel

Zeichen der Stimme Gottes ist es, dass sie im Hin und Her verschiedener anderer Gedanken, Neigungen und Zielvorstellungen als einzige aus einer guten, lichten Ursache erwächst, auf ein helles Ziel hinlockt und dafür gute Mittel empfiehlt. Der Grund für diese Regel liegt auf der Hand: Weil „Gott Licht ist und keine Finsternis in ihm ist" (Joh 1,5; vgl. auch Jak 1,17) und weil all sein Wirken einzig darauf abzielt, uns als „Kinder des Lichtes" in sein Licht zu führen, verträgt sich sein Ruf nicht mit der winzigsten Spur des Bösen oder des Verworrenen, welches das Licht zu scheuen hat. Darum hat man zu prüfen, welche Geistesstimme sich in eine lautere Motivation einfügt, ob sie gute Früchte zeigt und ihre Weisung auf einem klaren und guten Weg zu verwirklichen ist. Ist dies nicht der Fall, entspringt die vermeintliche Stimme Gottes eher eigenen unguten oder weniger guten Absichten und Ideen als dem Ruf des „ur-guten" Gottes.

Diese Regel ist gleichfalls sehr alt, sie findet sich in vielen Variationen schon in der Heiligen Schrift. So sagt Jesus ganz auf der Linie alttestamentlicher Kriterien selbst: „Hütet euch vor den falschen Propheten; sie kommen zu euch wie harmlose Schafe, in Wirklichkeit aber sind sie reißende Wölfe. *An ihren Früchten werdet ihr sie erkennen*" (Mt 7,15 f).

Eine ähnliche Unterscheidungsregel legt der Apostel Paulus vor: „Die Frucht des Geistes ist Liebe, Freude, Friede, Langmut, Freundlichkeit, Güte, Treue, Sanftmut und Selbstbeherrschung." Dagegen sind die Werke des Fleisches ausgezeichnet durch „Unzucht, Unsittlichkeit, ausschweifendes Leben, ... Feindschaften, Streit, Eifersucht, Jähzorn, Eigennutz, Spaltung, Parteiung, Neid und Missgunst, Trink- und Essgelage“ (Gal 5, 19 ff).

Wenn also an den „Früchten“ der gute bzw. böse „Geist“ zu erkennen ist, so ist dabei ein Doppeltes zu beachten: (1) Es geht bei den „Früchten“ nicht um irdischen Erfolg. Ja, „die Pointe des Christlichen liegt – wie Hans Urs von Balthasar vermerkt – darin, dass gerade die weltliche Erfolglosigkeit, der Bankrott am Kreuz, der Höhepunkt christlicher Fruchtbarkeit war.“[72] (2) Es geht bei den „Früchten“ hier nicht nur und nicht in erster Linie um den Nutzen für einen selbst. „Jedem wird die Offenbarung des Geistes geschenkt, damit sie andern nützt“ (1 Kor 12,7). Auch bei der Beurteilung des eigenen Rufes geht es also vorrangig um die daraus fließenden (guten oder bösen oder unterlassenen) Konsequenzen für die andern.

Gestützt auf das biblische Kriterium, dass man an seiner Herkunft und seinen Früchten den Geist erkennt, stellten viele spätere theologische Traktate über die Unterscheidungskriterien immer wieder heraus, dass es Zeichen des Heiligen Geistes ist, dass Neigungen, Gedanken und Tun in ihrem Ursprung und Ziel, also in ihrem ganzen Motivationskontext, „rundherum“ gut sind.

Als Beispiel sei Hugo von Sankt Viktor angeführt. Er weist darauf hin, dass

> „die Aufmerksamkeit sich auf die inneren Bewegungen richten soll und zu fragen hat, woher sie kommen und worauf sie abzielen. Es ist also nach Ursprung und Ziel zu fragen. ... Was eindeutig gut oder böse ist, wird danach beurteilt, was sein letzter Ursprung ist. Wo aber der Ursprung zweifelhaft ist, richtet sich das Urteil nach dem Ziel einer Handlung. Das Endziel zeigt nämlich, was von Anfang an verborgen war. Wenn man daher seine inneren geistigen Bewegungen nicht vom Ursprung her beurteilen kann, so soll man das Ziel der Handlung abwägen ...“[73]

Ganz ähnlich führt auch Heinrich von Langenstein als Unterscheidungskriterien an: Es ist zu fragen, ob aus einem beabsichtigten Tun nur „Ärgernis folgt, Zwietracht, Streit, Nachlässigkeit im Guten, ob die Menschen dadurch eher schlechter als besser werden". Und weiter: „Man muss darauf achten, wohin der Antrieb des Geistes geht, ob er sich z. B. nur darauf richtet, sich als besonders ‚heilig' zu erweisen oder sich selbst zu gefallen in Wort und Tat und dabei die anderen gering zu schätzen." Ist dies der Fall, so ist eher „der Geist der Überheblichkeit und Selbstsucht als der Heilige Geist am Werk".[74]

Gerade der Wunsch oder die Neigung, vor Gott und den Mitmenschen etwas „Besonderes" sein oder tun zu wollen, ist sehr oft verbunden mit der Haltung der Kritik, biblisch gesagt mit dem „Richten über die anderen". Damit verkommen die Frage und das Suchen der eigenen Identität zur ängstlichen oder neidvollen Frage: „Wer bin ich im Vergleich zu ...?"[75] Wo dies zum verborgenen Leitmotiv (oder Mitmotiv) des Handelns wird, ist gewiss nicht Gott am Werk. Das „Richtet nicht" des Evangeliums ist von Anfang der Kirche an geradezu eine Kurzformel des geistlichen Lebens und ein Kriterium geistlichen Handelns[76] gemäß dem schönen Wort des Abbas Joseph: „Sprich bei jeder Handlung: ‚Ich – wer bin ich?' und richte niemanden!"[77] Ein in den eigenen Gedanken und Handlungen verborgenes „Richten" ist Zeichen des bösen und nicht des guten Geistes. Auch hier weist die „Frucht" auf den Urheber zurück.

Einige Fallbeispiele: Es kann bei einer Handlung, zu der sich jemand von Gott angerufen fühlt, durchaus *zunächst einmal* eine „gute Frucht" als Ziel winken. So kann z. B. jemand glauben, durch die Gründung eines neuen Ordens oder einer geistlichen Gemeinschaft der Kirche etwas Gutes zu tun. Aber – so bemerkt schon Johannes Gerson – „all das kann abgleiten, wenn entweder das Ende dem Anfang nicht entspricht, oder irgendetwas Falsches ... bei dem Entsprechenden entdeckt würde."[78] Ist das der Fall, greift z. B. die betreffende Person zu unguten Mitteln, um ihre Pläne durchsetzen zu können, so geht die Initiative sicher nicht vom Geist Gottes aus.

Auch darf die Frage nach den „Früchten“ nicht zu kleindimensioniert gestellt werden. So wird in den letzten Jahren bezüglich der umstrittenen Marienerscheinungen in Medjugorje immer wieder auf das Kriterium der „guten Früchte“ verwiesen, die sich hier so offensichtlich zeigen: Unzählige Pilger kommen zum Beten zusammen, empfangen das Bußsakrament und kehren geistlich gestärkt in ihre Heimat zurück. Ist damit Medjugorje nicht als authentisches Wirken des Himmels legitimiert? Außer Acht bleiben bei dieser Aufzählung der „Früchte“ jedoch fast immer der Blick auf den nicht abreißenden Streit, der sich bezüglich der Einschätzung von Medjugorje *am Ort* zwischen Bischof und Franziskanern und unter den Franziskanern selbst abspielt sowie die Wahrnehmung von viel Neid und Konkurrenzkampf, der infolge des schnellen wirtschaftlichen Aufschwungs zwischen den Bewohnern von Medjugorje wütet; ebenso werden bei der Beurteilung der „Früchte“ viel zu wenig die unguten Auseinandersetzungen beachtet, die sich *außerhalb von Medjugorje* in den Familien und Gemeinden, zwischen ganzen Orden, in der Weltkirche und in der Theologie abspielen. Nimmt man all das in den Blick, sind die „Früchte“ keineswegs mehr so eindeutig!

Was insbesondere Visionen und visionäre (Privat-)Offenbarungen angeht, so sind hier nicht nur die beteiligten Personen zu prüfen, sondern auch die Beschaffenheit,

> „ob – so Johannes Gerson – daran alles wahr ist, auch die kleinste Behauptung. Denn im Geist der Wahrheit findet sich keinerlei Falschheit, im Geist der Lüge jedoch zuweilen tausend offenkundige Wahrheiten, nur damit eine einzige verborgene Falschheit in die Irre führe.[79] ... Man prüfe [überdies], ob die Visionen über die gewöhnliche Erkenntnisweise hinausgehen, über das, was man der Heiligen Schrift entnehmen kann, oder das, wozu man mit der natürlichen ... Vernunft gelangen kann. Wenn sie nicht darü-

> ber hinausgehen, warum sollte man ihnen den Charakter der Offenbarung zuschreiben?"[80]

So eröffnet das Kriterium der „Früchte" vielfältige Anwendungsmöglichkeiten im eigenen Leben und im Leben der Kirche. Früchte, die gut sind, verweisen auf ihre Herkunft vom urguten Gott.

Dennoch: Die Regel, dass sich die Stimme Gottes gerade dadurch auszeichnet, dass sie „rundherum" gut ist und sich deshalb mit keinerlei schlechten oder gar bösen Elementen verbindet, darf nicht idealistisch missverstanden werden. Im Allgemeinen sind unsere Einstellungen, Absichten und Handlungen durch tiefgreifende Ambivalenzen charakterisiert. Wenn wir uns selbst wahrhaft zu durchschauen versuchen oder wenn erfahrene Menschen uns zu einem authentischen Einblick in unser Inneres verhelfen, stellen wir oft mit Erschrecken fest, wie erhabene und niedrige, helle und dunkle, gute und böse Motive – gelegentlich unentwirrbar – alles durchsetzen. Wie kann da überhaupt die dritte Regel sinnvoll Anwendung finden? Zwei Zusatzbedingungen sind hier zu beachten:

(1) Wo sich ungute Motive bemerkbar machen, gilt ganz schlicht der Satz von Albert Görres: „Motive können durch Motive entkräftet werden oder durch Änderungen in der Motivierbarkeit der Person."[81] Und Görres veranschaulicht dies mit dem Hinweis auf das Märchen vom „Hans im Glück". Jeder Mensch ist in seinem tiefsten Wesen ein „Hans im Glück":

> „Er kann alles gebrauchen, aus allem etwas machen, auf alles ‚Wert legen', wie ein Flohmarkthändler. Alles gegen alles eintauschen; einen Goldklumpen gegen ein Pferd, ein Linsenmus gegen ein Erstgeburtsrecht, eine Perle gegen sein ganzes Vermögen, die ganze Welt gegen seine Seele, und immer auch umgekehrt das Zweite für das Erste. ... Er ist ein Tauschhändler, ein Wechsler aller irdischen und himmlischen Güter. Seid gute Geldwechsler!, sagt die

> Schrift. ... Das Evangelium ist ein Lehrbuch des Tauschhandels. Es fordert dazu auf, ein Kenner, Liebhaber und Sammler der echten Schätze zu werden."[82]

Kurz also: Man kann aus allem etwas „machen". Erst recht kann Gott, der sogar Sünde und Schuld zur „felix culpa" umzubiegen versteht, aus allem etwas machen. Wenn sich also zeigt, wie ambivalent manche unserer Intentionen und Handlungsmotive sind, so stellt sich die Aufgabe, diese – vielleicht in einem langandauernden Prozess – „auszutauschen". Ist dies möglich, so zeigt sich gerade im Gelingen eines solchen Weges, dass der ursprünglich vernommene Antrieb trotz aller Ambivalenz wirklich von Gott herkommt. Ist dies aber nicht möglich, so gilt die dritte Regel in ihrer ganzen Schärfe.

(2) Ruft uns eine innere Stimme dazu auf, einem anderen von Herzen gut zu sein, ihm wahrhaft zu helfen und beizustehen, so ist dieser Stimme zu folgen, auch wenn sich noch so viele andere, ungute Motive mit einschleichen. Dies ist sehr schön in einer alten Mönchsgeschichte illustriert und erklärt:

> „Ein Bruder sprach zum Altvater Poimen: ‚Wenn ich meinem Bruder ein wenig Brot oder etwas anderes gebe, dann entwerten es die Dämonen: es sei gegeben, um den Menschen zu gefallen.' Der Greis sagte: ‚Auch wenn es aus Gefallsucht geschieht, so wollen wir doch dem Bruder das Nötige geben.' Er legte ihm folgendes Gleichnis vor: ‚Zwei Männer, die Bauern waren, wohnten in der gleichen Stadt. Der eine davon säte nur wenig Saatgut, und zwar ungereinigtes, der andere sparte sich das Säen und erntete überhaupt nichts. Wenn nun eine Hungersnot auftritt, wer von den beiden wird zu leben haben?' Der Bruder antwortete: ‚Der, der wenig und Ungereinigtes gesät hat.' Da sagte der Greis zu ihm: ‚Lass uns wenigstens ein wenig und wenn auch Ungereinigtes säen, damit wir nicht Hungers sterben."[83]

So ist die dritte Regel selbst – wie jede andere auch – ein ambivalentes Kriterium. Sie gilt, aber sie gilt nur mit anderen Kriterien zusammen: *Zeichen der Stimme Gottes ist, dass sie „rundherum" in einem guten Kontext steht.*

4. Regel

Gott ruft immer dahin, wo man letztlich Trost, Freude, Zuversicht und Hoffnung findet. Gottes Stimme ist immer so, dass man im Letzten und Tiefsten auch weiß: So ist es gut, so ist es recht, so soll es sein! Sie stürzt nicht in Sorge, Unruhe und Angst; sie zerreißt und entfremdet das eigene Wesen nicht von sich selbst. Denn zum Merkmal des Heiligen Geistes gehört, dass er Einheit und Eintracht, Freude und Friede nicht nur unter den verschiedenen Menschen, sondern auch in einem selbst schafft, dass er also das eigene Herz zur Übereinstimmung mit sich, zu innerer Harmonie und Identität bringt. Darum ist ein Kriterium der Stimme Gottes, dass sie „das Herz mehr sammelt und vereint"[84] und dadurch Freude und Frieden schenkt. Dass dies der unverwechselbare Klang der Stimme Gottes ist, zeigt das ganze Evangelium. Evangelium heißt und ist „Botschaft der Freude". Wie könnte da der konkrete Ruf Gottes an den Einzelnen anderes sein als „Evangelium", d. h. als eine Stimme, die froh macht, die das Herz weitet, die ich im Kontext meines bisherigen und jetzigen Lebens als ganz und gar „stimmig" erfahre. Diese „Trost-Regel" ist für Ignatius v. Loyola die grundlegendste und wichtigste. Sie ist die erste Regel der sog. zweiten Exerzitienwoche, da ein Mensch sich entschieden dazu aufmacht, auf seinen besonderen Ruf der Nachfolge zu hören. Ignatius schreibt:

> „Es ist Gott und seinen Engeln zu eigen, in ihren Regungen wahre Fröhlichkeit und geistliche Freude zu geben, indem sie alle Traurigkeit und Verwirrung, die der Feind herbeiführt, entfernen. Und diesem ist es eigen, gegen die Fröh-

lichkeit und geistliche Tröstung zu streiten, indem er Scheingründe, Spitzfindigkeiten und ständige Trugschlüsse anwendet."[85]

Ein Fallbeispiel: In ein deutschsprachiges Priesterseminar trat jemand ein, der zuvor leitender Ingenieur eines bedeutenden Unternehmens war. Er war jahrelang nicht von der Idee losgekommen, dass Gott *mehr* von ihm erwartete als nur ein „normales" christliches Leben. So gab er seinen hochdotierten Beruf auf, um Priester zu werden. Jedoch wurde er in all den Jahren der Seminarzeit seines Weges nicht froh. Er traf auf diesem Weg zwar auf keine besonderen Schwierigkeiten, aber er erfuhr auch keinerlei „Tröstungen", innere Freude, Gelöstheit. So kehrte er schließlich wieder in seinen alten Beruf zurück. Eine richtige Entscheidung angesichts dieses wichtigen „Trost"-Kriteriums!

Gott will uns zu uns selbst, zu Freude, Glück und Heil, zur Sinnerfüllung und Lebensganzheit führen.

Aber Lebensganzheit! Darum ist ein innerer Ruf und Antrieb, der zu einem konkreten Verhalten oder Tun auffordert, nicht einfach daran zu messen, ob er hier und jetzt froh macht, sondern ob sich das intendierte Verhalten oder Tun in das Ganze des Lebens freud- und friedvoll einordnen und harmonisch integrieren lässt. Ignatius von Loyola gibt darum den Rat, vor einer wichtigen Entscheidung sich selbst gleichsam in seiner Todesstunde vorzustellen und zu fragen, welche Entscheidungen man aus dieser Sicht getroffen haben möchte.[86] Mag diese Vorstellungsweise sich auch einem uns fremd gewordenen Lebensgefühl verdanken, im Grunde ist damit etwas ausgesprochen Tiefsinniges zum Ausdruck gebracht, das Karl Rahner zu Recht von der Philosophie Martin Heideggers her vertieft hat. Denn nach Heidegger erfasst der Mensch sich dann als Ganzer, wenn er sich als „Sein zum Tode" versteht und von daher mit seinem ganzen Leben, das sich bis zum Tod erstreckt, konfrontiert ist. So heißt nach dem Ganzen des Lebens fragen sich mit dem Tod auseinandersetzen. Eben deshalb hat auch die Frage des Menschen nach einem lebensbestimmenden Ruf es wesentlich mit dem Tod zu tun. Da, wo jemand sich den Tod vor Augen hält, wird er aus dem Glanz und Elend des jetzigen, schnell vergehenden Augenblicks und der jetzigen, bald vergehenden Situation herausgerissen und mit dem Ganzen seines Lebens, das da im Tod versammelt ist, konfrontiert. Wichtige Lebensentscheidungen sind darum angesichts dieses Ganzen und nicht aus der Stimmung eines schnelllebigen Augenblicks oder einer bald sich ablösenden Situation zu treffen. Wie schnell kann jemand sich hier und heute von einem Wert faszinieren, trösten, froh machen lassen, von einem Wert, der sich vielleicht bald als sehr vorläufig, als sehr relativ, ja als Talmi, als wertloses Falschgeld erweist. Der Blick auf den Tod soll – wie Hans Schaller schreibt – sicherstellen,

> „dass wir auch am Ende noch zu dem stehen können, was wir jetzt in unseren Entscheidungen einfädeln; dass uns am Schluss unseres Lebens mehr bleibt als der bedrückende Schmerz, nicht das aus unserem Leben gemacht zu haben, was wir mit Gottes Hilfe hätten tun können. Solche späte Reue soll, soweit das möglich ist, verhindert werden, damit wir in der Stunde des Todes ‚voller Freude' [wie Ignatius sagt] zu dem ja sagen können, was wir geworden sind. Ohne Trauer und ohne Gram! Dass derjenige, der wir dann geworden sind, nicht ewig traurig den grüßen muss, der wir hätten werden sollen. ... Der Blick auf das Ende lässt das hervortreten, was bleibt; und er macht uns auch klar, was dann herauskommt, wenn wir uns um die positiven Entscheidungen drücken."[87]

Was also Lebensganzheit, Stimmigkeit und Integrität, Freude, Frieden und Trost schenkt, das darf als Stimme Gottes identifiziert werden.

Freilich muss man auch mit dieser Regel, der sogenannten „Trost-Regel", die Ignatius in eine Vielzahl differenzierter Regeln aufschlüsselt, behutsam umgehen. Ganz bewusst wurde anfangs formuliert: Gottes Stimme ist so, dass ich *im Letzten und Tiefsten* auch weiß, dass es so gut und recht und schön ist, ihr zu folgen. Es kann aber durchaus sein, dass ein Anruf Gottes zunächst auch einmal beunruhigt und in Angst und Schrecken versetzt, dass er aufregt und aufscheucht oder bedrückt und ratlos macht. Denn Gott will ja mit seinem Ruf den Menschen in Bewegung setzen, er will ihm Freiheit schenken, auf dass dieser ihm in Freiheit sein Leben überlässt. Da der Mensch sich aber oft ganz schön „eingerichtet" und bei sich selbst abgesichert hat, kann die Stimme Gottes sich nicht selten als unangenehm und störend erweisen. Gottes Ruf, der schon Abraham in eine dunkle und unüberschaubare Zukunft hineinrief, kann sehr ungelegen kommen, da wir unsere Zukunft übersehen und selbst in die Hand nehmen möchten.

Und doch: Gottes Stimme lässt sich im Gewühl der vielen anderen Stimmen daran erkennen, dass sie sich – zumindest über längere Zeit – als diejenige erweist, die wahre Freude und tiefsten Trost bringt. Das bedeutet aber auch umgekehrt: Wer glaubt, einen Ruf von Gott gehört zu haben und doch darüber niemals wirkliche Freude, innere Ruhe und Gelöstheit empfindet, muss sich sagen: Ich habe mich getäuscht, hier kann Gottes Geist nicht am Werk sein. Denn *er ruft mich* – so noch einmal die vierte Regel – *dorthin, wo ich letztlich Trost, Freude, Zuversicht und Hoffnung finde.*

5. Regel

Diese Regel hängt eng mit der vorangehenden zusammen: *Gottes Ruf überfordert mich nicht.*

Es kann sein, dass jemand sich dazu angesprochen erfährt, entschiedener Christus nachzufolgen und das Evangelium zu leben. Gleichzeitig aber ist er darüber zutiefst beunruhigt. Er hat den Eindruck: Er „sollte" eigentlich, aber er kann es nicht; es ist ihm zu viel, zu schwer, eine Last, die er nicht tragen kann. Eine solche überfordernde Stimme kommt nicht von Gott. Dennoch ist nicht einfach über sie hinwegzugehen und sie zu verdrängen. Denn dahinter kann sich ein Weckruf Gottes verbergen, den mein Ich – vielleicht unbewusst – nur in falscher Weise „verstärkt“ hat, sei es, weil das Über-Ich ein irreal-idealistisches Leitbild von mir entwirft, sei es, weil ich es anderen gleichtun möchte[88] oder weil ich mir selbst in einem nur vorgestellten oder verbalen Radikalismus gefallen will. Darum gilt: Tu nicht gleich das „Ganze“, was du zu hören glaubst, wozu du dich gedrängt fühlst und worüber du beunruhigt bist. Geh vielmehr einen ersten Schritt in die Richtung, wohin es dich treibt; lass dich dabei ein wenig mehr vom Evangelium treffen als vordem, ja tu vielleicht sogar ein wenig mehr als du glaubst, du habest die Kraft dazu. Dann wird sich zeigen, ob dieser erste Schritt trägt, ob du – im Sinne der vierten Regel – dabei Freude, Trost und Frieden findest. Und dann magst du weitergehen.

Auch diese Regel ruht auf einer langen geistlichen Erfahrung auf. Schon die Mönche der Frühzeit haben den, der ein entschiedenes geistliches Leben beginnen will, davor gewarnt, zu radikal zu sein, ohne Rücksicht auf die eigenen Möglichkeiten und ohne sorgfältige Prüfung der Motivationen (im Sinne der dritten Regel). Für sie ist es geradezu ein Fallstrick des Teufels, den Menschen mit übergroßen Forderungen des Evangeliums zu konfrontieren und ihn dadurch *entweder* mutlos zu machen und zu veranlassen, alles weitere Suchen aufzugeben, *oder* die eigenen geistigen Kräfte auf eine falsche Fährte zu setzen *oder* ihn in eine bloß „vorgestellte“ und „verbale“ Radikalität zu treiben – in jedem Fall aber ihn abzuhalten, den langen und geduldigen Weg der Nachfolge zu beschreiten.

So lautet eine alte Mönchsgeschichte:

„Einer war in der Wüste auf der Jagd nach wilden Tieren und sah dabei, wie der Altvater Antonios mit den Brüdern Kurzweil trieb, und er nahm Ärgernis daran. Da nun der

> Alte ihm klarmachen wollte, dass man bisweilen den Brüdern entgegenkommen müsse, sprach er zu ihm: ‚Lege einen Pfeil auf den Bogen und spann!' Er macht es so. Da sagte er zu ihm: ‚Spanne noch mehr!' und er spannte. Abermals forderte er ihn auf: ‚Spanne!' Da antwortete ihm der Jäger: ‚Wenn ich über das Maß spanne, bricht der Bogen.' Da belehrte ihn der Altvater: ‚So ist es auch mit dem Werk Gottes. Wenn wir die Brüder übers Maß anstrengen, versagen sie schnell. Man muss also den Brüdern bisweilen entgegenkommen'."[89]

Jede Überspannung, mag sie auch noch so sehr wie ein Akt radikalen Glaubens und konsequenter Christusnachfolge aussehen, ist also vom Bösen. Gerade in der Versuchung zu „falscher Radikalität" kann sich der böse Geist als „Engel des Lichtes" gebärden, in Wirklichkeit aber vom rechten Hören auf Gott wegführen. In diesem Sinne warnt auch Ignatius von Loyola:

> „Es ist dem bösen Engel eigen, die Gestalt eines Lichtengels anzunehmen, bei der frommen Seele einzutreten und bei sich selbst hinauszugehen; nämlich gute und heilige Gedanken zu bringen, wie es dieser gerechten Seele entspricht; und danach bemüht er sich allmählich, bei sich hinauszugehen, indem er die Seele zu seinen verborgenen Täuschungen und verkommenen Ansichten zieht."[90]

Für die schlimmen Folgen falscher Radikalität seien ein Fallbeispiel aus der Gegenwart und sodann einige Zeugnisse aus der geistlichen Tradition angeführt.

In ein Kloster, das kaum Nachwuchs hatte, trat ein hochbegabter und tiefgläubiger junger Mann ein. Die ganze Hoffnung des Konvents richtete sich auf ihn. Der Novize selbst stand unter dem Diktat eines alles von ihm fordernden Über-Ichs, das er selbst wohl als „Stimme Gottes" missinterpretierte. So war er der „ordentlichste", engagierteste und frömmste Novize, den man sich nur denken kann. Alle möglichen Aufgaben ließ er sich vom Konvent aufladen und führte sie aufs beste aus. Aber genau dieses „Diktat" zur Perfektion bildete eine solche Überforderung, dass er in einer Burn-out-Verfassung nach ein bis zwei Jahren den Konvent verließ, völlig anderen Optionen folgte und schließlich sogar aus der Kirche austrat.

Dass Selbstüberforderung oder Überforderung anderer nur in Traurigkeiten führen, die nicht dem Evangelium entsprechen, ist sehr schön auch in folgender Mönchsgeschichte aus früher Zeit zum Ausdruck gebracht: „Ein Bruder kam zu Abbas Poimen und sagte zu ihm: ‚Ich bestelle meinen Acker und gebe davon Almosen.' Der Altvater sagte: ‚Du tust gut daran.' Er ging mit Zuversicht weg und gab noch mehr Almosen. Abbas Anub hörte von dem Ausspruch und sagte zu Abbas Poimen: ‚Fürchtest du Gott nicht, dass du so zu dem Bruder sprichst?' [Gemeint ist: Wie konntest du nur diesem Bruder ein gutes Gewissen machen, der doch nicht wie ein Mönch, sondern wie andere Nicht-Mönche lebt, indem er einen Acker besitzt und diesen bestellt!]. Der Greis schwieg. Nach zwei Tagen schickte der Altvater Poimen zu jenem Bruder und sagte zu ihm, wobei der Abbas Anub ihn hörte: ‚Was hast du mir gestern gesagt? Mein Geist war anderswo.' Der Bruder sagte: ‚Ich bestelle meinen Acker und gebe davon Almosen.' Abbas Poimen sprach nun zu ihm: ‚Ich glaubte, dass du von deinem Bruder in der Welt sprichst. Wenn du also dieses Werk tust, so ist es kein mönchisches!' Als der Bruder das hörte, wurde er traurig und sagte: ‚Ich verstehe kein anderes Werk als dieses, ich kann nichts als meinen Acker bestellen.' Als er nun weggegangen war, warf sich der Abbas Anub auf die Knie und sagte: ‚Verzeih mir!' Und Abbas Poimen antwortete: ‚Auch ich wusste von Anfang an, dass es kein Mönchswerk ist, aber ich sprach *gemäß seiner Fassungskraft*, und ich gab ihm auch Mut zur Vermehrung der Almosen. Nun aber ist er traurig weggegangen, und er tut das gleiche Werk'."[91]

Die Überforderung des Bruders (und natürlich auch die eigene) bringt also nichts Gutes, sondern nur Schlechtes. Deshalb heißt es bei Abbas Poimen: „Alles Übermaß ist von den Dämonen.“[92]

Auch Hugo von Sankt Viktor betont ausdrücklich, dass beim rechten Handeln zwei Übel zu vermeiden sind:

> „Traurigkeit und Stress. Die Traurigkeit führt zur Bitterkeit und der Stress zur Oberflächlichkeit. Durch Traurigkeit wird der süße Geschmack des Geistes versalzen, durch Stress geht die Ruhe verloren. Traurigkeit entsteht, wenn man sich mit dem, was man nicht gut kann, ungeduldig abquält; in Stress gerät man, wenn man das, was man gut kann, über alle Maßen betreibt. Damit also der Geist nicht bitter wird, trage man geduldig sein Unvermögen, und damit man nicht in Stress gerate, mache man nicht maßlosen Gebrauch von seinen Fähigkeiten.“[93]

Die gemeinsame Wurzel von Traurigkeit und Stress aber ist die falsche Radikalität. Sie und jede Art von Überforderung entspricht nicht dem Klang des Evangeliums: „Wer es fassen kann, der fasse es“ (Mt 19,12). Gott hat Geduld mit uns, seine Gnade erzieht uns gleichsam (vgl. Tit 2,12), das heißt, sie führt uns *gemäß unseren Möglichkeiten* Schritt für Schritt weiter und überfordert nicht. Darum ist ein meine Kräfte überfordernder Ruf nicht der des guten Gottes, sondern Ergebnis eines mich überfordernden Über-Ichs oder das Echo sozialer Zwänge oder die Selbstkonstruktion eines selbstgefälligen Ich-Ideals.

Solche schlechte Radikalität, wie sie sich auch in äußeren aszetischen Formen äußern kann, vermag leicht zu einem falschen Einsatz der eigenen Kräfte und damit zu einer Verschiebung der geistlichen Gewichte zu führen. Auch dies wird unzählige Male von den geistlichen Vätern zum Ausdruck gebracht. So lautet z. B. ein Wort des Abbas Poimen: „Hunger und Schläfrigkeit ließen uns nicht dazu kommen, die einfachsten Dinge klar zu sehen.“[94] Er meint damit: Der kritische

Rückblick auf aszetisches Fasten und Schlafentzug (Hauptformen damaliger monastischer Aszese) zeigt, dass man dabei das Allereinfachste und Allergrundsätzlichste, nämlich auf den Anruf Gottes im Hier und Heute zu hören, übersehen hat.[95] Auf dieser Linie tadelt auch der anonyme Autor der „Wolke des Nichtwissens“ die falsche Perspektive, wenn man seine Aufmerksamkeit und geistlichen Energien allzu sehr auf aszetische Vollzüge wie Schweigen, Fasten, Alleinsein usw. richtet. Das alles ist nicht entscheidend:

> „Rede, wenn es dir danach ist, und lass es sein, wenn es dir danach ist, iss, wenn du willst, und faste, wenn du willst, sei in Gesellschaft, wenn du willst, und für dich allein, wann du willst. Und lass Gott und die Gnade deine Führer sein. Lass fasten, wer will, und allein sein, wer will. Lass Stillschweigen halten, wer es halten will, aber halte du dich an Gott, der niemanden täuscht. Denn schweigen und reden, fasten und essen, Alleinsein und Gesellschaft, alles das kann täuschen.“[96]

Entscheidend sind nicht die äußeren radikalen „Formen“, sondern die innere Erfahrung des Trostes und der Zuversicht, in der Liebe Gottes zu stehen. Ebendiese Liebe Gottes zeigt sich auch in der Art und Weise seines Rufens: *Er überfordert nicht*, er ruft so, dass man folgen kann, und sei es nur mit einem kleinen Schritt nach vorn.

6. Regel

Gottes Stimme ist immer konkret. Das heißt: Sie ruft in meine konkrete Situation hinein und will *diese* in Bewegung bringen. Gottes Ruf betrifft immer das Hier und Jetzt. „*Heute*, wenn ihr seine Stimme hört, verhärtet eure Herzen nicht“ (Ps 95,7 f; Hebr 3,7). Auch im geistlichen Leben gilt das alte römische Sprichwort: „Hic Rhodus, hic salta!“ Negativ gesagt: Gottes

Wort betrifft nicht eine irreale Situation, meint nicht eine vage Zukunft („irgendwann einmal"), bringt mich nicht ins Träumen („es wäre schön, wenn ... "). Sollten sich also in mir Stimmen, Anregungen und Neigungen einstellen, die sich nicht auf das Hier und Heute beziehen, sondern nur aus der jetzigen Situation heraus-träumen lassen („wenn ich nicht mehr hier wäre, dann ..."; „wenn ich eine andere Arbeit, andere Mitmenschen und Kollegen, andere Vorgesetzte und Ordnungen hätte, dann ..."; „wenn die Kirche anders wäre, dann ..."), so stammen sie gewiss nicht vom Heiligen Geist. Gott lädt mich dazu ein, ihm die Zukunft und künftige Möglichkeiten zu überlassen, aber *hier und jetzt* seiner Einladung zur gehorsamen Lebenshingabe zu folgen. Wir können und brauchen das, was vielleicht einmal kommt, nicht zu erträumen. Vor Gott zählt der je nächste Schritt. Darum gilt: „Nichts aufschieben. Und nicht im Hinblick auf ein mögliches Morgen das Heute Gottes versäumen. Drei Kennzeichen eines Gehorsams im Heiligen Geist: sogleich, freudig, ganz."[97]

Diese Regel ist auch anzuwenden auf die Frage nach einer möglichen äußeren Veränderung des Lebens. Es gibt nicht wenige Menschen, die, über ihre derzeitige Situation innerlich unzufrieden, alles von einer äußeren Umstellung erwarten, von einem Orts-, Umwelts-, Berufs-, ja Partnerwechsel. Gewiss ist nicht auszuschließen, dass ein Ruf Gottes auch äußere Veränderungen mit einschließt. Doch sollte man diesbezügliche innere Impulse nicht allzu leicht und unkritisch auf Gott zurückführen. Es lauert die Gefahr, die eigene Unzufriedenheit und den Wunsch nach Änderung der Lage mit einer Stimme „Gottes" – mehr oder minder unbewusst – zu verwechseln. Deshalb ist *zunächst einmal* davon auszugehen, dass Gottes Ruf die konkrete Situation, in der man steht, betrifft, dass er nicht zu äußeren Veränderungen, sondern zu einem inneren Perspektiven- und Einstellungswechsel ruft. Es gilt vor allem, nicht andere Umstände zu wählen, sondern anders zu werden.

Das Hier und Heute ist der Rahmen, in dem Gott Gehorsam erwartet. Deshalb findet sich schon bei den Wüstenvätern in unzähligen Variationen die Aufforderung: „Wenn du dich an einem Orte niederlässt, dann entferne dich nicht leicht" (Antonius).[98] Wenn Gott es ist, der zu einer äußeren Veränderung ruft, besitzt er auch Mittel und Wege, sich zweifelsfrei und deutlich genug vernehmlich zu machen.

Es ist deshalb ein gewisses Alarmzeichen, wenn man gerade in Ordenskonventen und Priesterseminaren nicht selten Personen antrifft, die schon alles Mögliche getan und gelassen haben. Ihre Autobiographie ist gekennzeichnet durch den Wechsel verschiedener Ausbildungen, Berufe, Konvente, ja auch verschiedener Länder und Kontinente. Im Einzelnen kann ein solches „Springen" natürlich durchaus auch auf der Linie des Rufes Gottes liegen, der Menschen auf sehr wechselnden Pfaden zum Ziel führt.[99] Aber die Vielzahl solcher Personen gerade im geistlichen Milieu lässt kritisch fragen, ob hier immer die 6. Regel ernst genommen wurde. Es ist eine spezifische Gefahr des geistlichen Lebens, etwas anzufangen, was man dann nicht vollendet.

Schon für Franz v. Sales ist das Hin-und-her-Springen ein Zeichen für das Wirken des bösen Feindes: „Um uns davon abzubringen, etwas Gutes zu vollenden, schlägt er uns etwas anderes vor, das besser zu sein scheint. Kaum aber haben wir damit begonnen, stellt er uns, um von der Ausführung abzulenken, etwas Drittes vor Augen. Es ist ihm recht, wenn wir allerlei beginnen, wenn wir nur nirgends an ein Ende gelangen. ... Doch die Vollkommenheit besteht nicht im Anfangen, sondern im Vollenden."[100]

Die Regel: Gottes Stimme ist immer konkret, ist im Prinzip eine der ältesten Unterscheidungskriterien. Sie hängt letztlich damit zusammen, dass Christus „im Fleisch gekommen ist" (1 Joh 4,2), d. h., dass Gott selbst „konkret" wurde und seine Freiheit in ein Hier und Heute hineingebunden hat. Seine Existenz „in Nazaret" legt davon deutliches Zeugnis ab. „Nazaret", das heißt: Dreißig Jahre, also ein Leben lang, Alltäglichkeit, Banalität, aufreibendes Einerlei des Lebens in jenem „Kaff" am Ende der Welt. So alltäglich war dieses Leben, dass die Evangelien nicht mehr davon zu berichten wissen, als dass er es geführt hat. Aber er hat es so geführt, dass er gerade in diesem Nazaret „an Weisheit, Alter und Gnade bei Gott und den Menschen zunahm" (Lk 2,52). Und auch als er das sogenannte „öffentliche Leben" begann, war es nicht prinzipiell anders. Jesus „sprang" nicht von Situation zu Situation, sondern war gerade in der vorgegebenen Lebensform eines damaligen „Rabbi" seinem Auftrag von Gott her gehorsam. Weil also Gott selbst „konkret" wurde, ist auch sein Ruf an uns stets konkret. Er weist in unser Hier und Heute hinein und nicht aus ihm heraus. Im Allgemeinen ist nicht von einem äußeren Orts-, Umwelts-, Berufs- und Partnerwechsel das Heil zu erwarten, sondern von einer inneren Neueinstellung, von einem Mehr an Lebenshingabe, die sich hier und jetzt zu verwirklichen hat.

7. Regel

Der Ruf Gottes, den man zu hören glaubt, muss bereit sein, sich – wenigstens in wichtigen Fällen – *dem Urteil anderer auszusetzen*. Wenn man nicht dazu bereit ist, andere um Rat zu fragen und sich gegebenenfalls mit ihrer Einstellung ehrlich und ernsthaft auseinanderzusetzen (was natürlich keineswegs heißt, deshalb schon den anderen zu folgen), ist dies fast immer ein Zeichen dafür, dass es sich nur um eigene Stimmen, Strebungen und Wünsche handelt, die man gern unkritisch und ohne Widerspruch von Seiten anderer mit dem Ruf Gottes identifizieren möchte. Wie leicht ist es möglich, sich selbst etwas vorzumachen und einzureden: Dies oder jenes will Gott (oder will Gott nicht), dies oder jenes ist vor Gott schon so in Ordnung usw. Und gerade weil man im Tiefsten ahnt oder weiß, dass das Betreffende nicht dem Willen Gottes und seiner Ordnung entspricht, redet man mit niemandem darüber. Man betrügt sich selbst.

Dagegen ist die Bereitschaft, einen vermeintlichen Ruf dem Urteil eines anderen oder anderer auszusetzen, die Probe aufs Exempel dafür, dass man wirklich das „Gegenüber" Gottes, das sich gleichsam im Gegenüber eines Mitchristen zeichenhaft ausdrückt, sucht und dieses nicht mit seinen eigenen verborgenen Wünschen und Antrieben verwechseln will. Rat, Empfehlung, Warnung und Urteil anderer gläubiger Christen sind ein Mittel, aus dem Kreisen um sich selbst und der möglichen Selbsttäuschung herauszukommen.

Darum ist es älteste und ununterbrochene Weisung aller geistlichen Lehrer und Lehrerinnen, dass man den Willen Gottes nicht allein, sondern begleitet von anderen oder auch mit anderen zusammen sucht. Sonst ist die Gefahr der Selbstvergiftung viel zu groß. „Über keinen freut sich der Teufel so sehr wie über jene, die ihre Gedanken nicht offenbaren", heißt eine durchgehende geistliche Weisheit.[101] Es ist also ein wesentliches Kriterium des Rufes Gottes, dass er im geistlichen Austausch mit einem Mitchristen, sei es mit dem Beichtvater oder geistlichen Begleiter, einem Freund oder einer geistlichen Gemeinschaft seine Wahrheit erweist und bewährt. Weil die Brüder und Schwestern in Christus ein „Spiegel" der Stimme Gottes sind, ist es wichtig, „gemeinsam zu erkennen suchen, wo Gott uns in den Ereignissen, Begegnungen und Gedanken unseres Erdentages spürbar berührte, aber auch, wo wir ihn durch unser Verhalten aus unserem Leben hinausdrängten"[102]. Nach einem schönen Wort von Dietrich Bonhoeffer ist es „Christus im Bruder" (und natürlich auch in der Schwester), der oft mehr erkennt und deutlicher unterscheidet „als Christus im eigenen Herzen".

Dabei ist es natürlich nicht gleichgültig, wem man sich eröffnet und von wem man Rat und Weisung entgegennimmt. Derjenige, von dem man aus Erfahrung weiß, dass er nur gut zuredet, tröstet, bestätigt, allenfalls ein paar „handgestrickte" fromme Ratschläge gibt, ist meist nicht derjenige, der Verantwortung für mich vor Gott übernimmt und aus dieser Verantwortung heraus mich gegebenenfalls auch einmal hart anpackt und „gegen den Strich bürstet". Vor allem reicht „Frömmigkeit" allein nicht aus. Schon die hl. Teresa von Avila klagte über die „frommen Beichtväter" und bat Gott stattdessen um gelehrte, nämlich um solche, die selbst über geistliche Erfahrung verfügen, die um die Unterscheidung der Geister wissen und andere mit Sachverstand beraten können. In diesem Zusammenhang ist der Hinweis des Apostels Paulus, wonach die „Fähigkeit, Geister zu unterscheiden", ein Charisma, d. h. eine besondere Gabe Gottes ist, wohl zu beachten.

Besonders die 7. Regel zeigt, dass die Frage nach dem eigenen Ruf Gottes nicht eine Frage ist, die sich allein im stillen Herzenskämmerlein abspielt. Vielmehr hat sie ihren Ort in der Kirche als Gemeinschaft von Berufenen, die sich gegenseitig helfen, den eigenen Ruf zu entdecken und ihm zu folgen. Und vielleicht ist nicht zuletzt dies ein bedenkliches Zeichen der Krise unseres Christseins heute, dass Kirche sich so wenig als Berufungsgemeinschaft versteht bzw. dass sie als solche kaum erfahrbar wird.
So lautet also die siebente Regel: *Nur da spricht Gott mich wirklich an, wo ich bereit bin, einen Ruf oder eine geistliche Anregung dem Urteil anderer auszusetzen*, um im gemeinsamen Gespräch, gemeinsamen Nachdenken und gemeinsamen Beten eine Bestätigung zu empfangen.

Die hier zusammengestellten sieben Unterscheidungsregeln, die samt und sonders aus der langen geistlichen Tradition des Glaubens stammen, haben das eine Ziel, den Menschen hörfähiger zu machen und den unverwechselbaren Klang der Stimme Gottes von den vielen anderen Klängen und Geräuschen in uns zu unterscheiden. Denn nur dann ist Gehorsam, Hören auf Gott und Lebensübergabe an ihn möglich, wenn wir erkennen können, wohin sein Wort uns ruft und wie wir ihm Ant-Wort geben können.

Und wenn Gott schweigt?

Aber was ist, wenn Gott schweigt? Was ist, wenn wir nichts von ihm vernehmen? Was ist, wenn wir zwar ehrlich und aufrichtig rufen: Rede, Herr, dein Diener hört!, uns aber immer nur dunkles Schweigen entgegenkommt?

Gewiss, man wird dagegen einwenden können: Gott *hat* doch gesprochen und sein Wort ist lebendig im Zeugnis der Heiligen Schrift und im Leben der Kirche. Das ist zwar richtig, doch kann die persönliche „Stimmung" so sein, dass Gottes Wort und Ruf mich „subjektiv", d. h. in meiner persönlichen Erfahrung, nicht erreicht, so dass in mir alles leer und dumpf ist. In solchen Situationen gilt die Weisung der geistlichen Väter, dass man sich gerade dann am „objektiv", d. h. in Schrift und kirchlicher Weisung, vorliegenden Wort Gottes festzuhalten hat und auf diese Weise in sich den Raum dafür offenhält, dass Gott, so wie ER und wann ER will, sich erneut im persönlichen Ruf an mich vernehmbar machen kann. Was aber hat das Schweigen Gottes zu bedeuten?

Ein Doppeltes ist hier zu unterscheiden.

(1) Dass Gott schweigt, ist ein Zeichen seines Gott-Seins. Gott ist kein Götze, den man, wenn man nur zum Hören und zur kontemplativen Einkehr bereit ist, zu seiner geistlichen Selbstbefriedigung herbeizitieren kann. Was wäre das für ein Gott, der sich sogleich vernehmen ließe und unser Herz mit Freude erfüllte, wenn wir ihm unsere Hörbereitschaft hinhalten? Gott ist der ganz Andere, der Verborgene, der sich Entziehende. Er redet, wann, wie und wo er will. Und er lässt uns oft sein Schweigen spüren, damit wir ihn als Gott und nicht als Götzen erfahren, als Person und nicht nur als Projektion der eigenen Sehnsüchte und Wünsche. Wir sollen es buchstäblich merken: Nicht wir formen uns den Ruf Gottes, nicht wir ergreifen den Heiligen Geist, sondern dieser ergreift uns. „Und er schwebt dort herab, wo er Raum, Bereitschaft, Horchen, Geltenlassen findet. Je weniger Widerstand durch vorgefasste Meinungen, fertige Systeme, kategorische Grund-

sätze, abschließende Planungen er antrifft, desto deutlicher kann er sich äußern, desto klärender unterscheiden. Damit gibt er uns auch schon etwas von seiner Unterscheidungskraft, wir erhalten Anteil an seinen Kriterien."[103] Wenn wir uns also auf den Ruf Gottes und das Wirken des Geistes offen halten, so ist die Erfahrung des Schweigens Gottes nichts Schlimmes. Im Gegenteil! Wenn wir im Schweigen aushalten als solche, die auf Gott und sein Wort warten und es ihm anheimstellen, wann, wo und wie er sprechen will, so beginnt gleichsam schon sein Schweigen zu „sprechen", dann dringen wir tiefer ein in die Wahrheit unseres Lebens: dass wir nämlich Menschen sind, die hungern und dürsten nach einem Wort Gottes, solange wir unterwegs sind, und dass es gilt, solchen Hunger und Durst nicht mit fadenscheinigen Ersatzbefriedigungen zu stillen, sondern auszuhalten in unserer armseligen Verwiesenheit auf Gott, auf sein tröstendes und weisendes Wort.

(2) Anders ist die Sachlage einzuschätzen, wenn man längere Zeit hindurch nie Gottes Stimme hört, wenn man in sich keine Neigung und Unruhe, keinerlei innere Antriebe und Anregungen, die sich auf den Glauben und das Leben nach dem Evangelium beziehen, erfährt, wenn alles stumm und leer und tot bleibt und man im geistlich-religiösen Leben nur auf schon lange eingefahrenen Geleisen lustlos weitermacht.

Was ist „längere Zeit"? Dies ist ein äußerst relativer Begriff, der so sehr von der persönlichen Situation jedes Einzelnen abhängig ist, dass selbst eine ungefähre Charakterisierung gefährlich wäre. Um dennoch eine vage Grenze zu ziehen, lässt sich vielleicht sagen: Wer sich kaum noch daran erinnern kann, dass er jemals im Glauben Lebendigkeit, Freude und Trost und darin auch Neigungen, Anregungen und „Stachel" für ein entschiedeneres Nachgehen des Weges Jesu erfahren hat, muss sich ernstlich fragen: Ist es Gott, der schweigt, oder halte ich mir in Wahrheit die Ohren meines Herzens zu?

Wenn man Gottes Ruf und Stimme lange Zeit nicht beachtet, sondern im selbstgemachten Lärm des Alltags verdrängt, kann es zum Verlieren der Hörfähigkeit kommen. Man setzt sich einen immer dichteren Filter vor die „Ohren", das Herz wird hart und verliert alle Sensibilität; es reagiert nur noch im geschlossenen Kreis seiner selbst. Es kommt dann nach einem Wort von Werner Heisenberg „in die Lage eines Kapitäns, dessen Schiff so stark aus Stahl und Eisen gebaut ist, dass die Magnetnadel seines Kompasses nur noch auf die Eigenmasse des Schiffes selbst zeigt statt nach Norden. Mit einem solchen Schiff kann man kein Ziel mehr erreichen. Es fährt nur noch im Kreis und ist der Strömung und dem Wind ausgeliefert."[104] So läuft das Leben leer aus.

Ist jemand auf diesem abschüssigen Weg, so heißt es, neu aufzumerken auf die Stimme des Ps 95, den der Hebräerbrief aufgreift: „Heute wenn ihr seine Stimme hört, verhärtet nicht euer Herz." Dieses Wort ist ernst. Doch ist es nicht geschrieben, um aus der Frohbotschaft eine Drohbotschaft zu machen, sondern um Mut zum Neubeginn zu schenken. Im täglichen Hören auf Gott, im Unterscheiden seiner Stimme von den vielen anderen Geräuschen und Vorstellungen gilt es je neu, den eigenen Lebensweg vor Gott zu finden und seine Lebensaufgabe zu erfüllen.

Der große jüdische Philosoph Moses Mendelsohn hat einmal das Wort formuliert: „Auf dem dunklen Pfad, auf dem ein Mensch hier auf Erden gehen muss, gibt es gerade so viel Licht, wie er braucht, um den nächsten Schritt zu tun. Mehr würde ihn nur blenden."[105] Es geht also um den nächsten Schritt, um eine neue Bereitschaft, auf den Ruf zu hören und einen Schritt auf seine Verwirklichung hin zu tun. Diesem ersten Schritt gilt dann auch die Verheißung: „Der Mensch wird des Weges geführt, den er mit ganzer Seele wählt."[106]

Anmerkungen

1 Damit greife ich auch auf einige frühere Darlegungen zum Thema Berufung zurück, so z. B. auf „Hören auf den Ruf", in: G. Greshake, ... wie man in der Welt leben soll, Würzburg 2009, 57–90; ders., „Meine Berufung! – Da lass' ich mir doch von keinem dreinreden!", in: Zentrum für Berufungspastoral (Hg.), Treue Christi – Treue des Priesters, Freiburg i. Br. 2010, 40–44.

2 H.-J. Höhn, Moderne Lebenswelt und christlicher Lebensstil. Kultursoziologische Reflexionen, in: R. Englert u.a. (Hg.), Christlicher Glaube als Lebensstil, Stuttgart 1996, 28.

3 E.-M. Faber, Mit Würde und Freimut. Vortrag auf der Jahresversammlung vom 12.5.2001: Bündnerinnen und Bündner für eine glaubwürdige Kirche, Chur 2001, 7.

4 M. Höffner, Berufung im Spannungsfeld von Freiheit und Notwendigkeit = SSSTh 47, Würzburg 2009, 96.

5 Siehe dazu G. Schulze, Die Erlebnisgesellschaft. Kultursoziologie der Gegenwart, Frankfurt [3]1992.

6 P. Claudel, Ars poetica Mundi, dt. Hellerau o. J. 81.

7 T. Brocher, Das Ich und die Anderen in Familie und Gesellschaft, Stuttgart 1967, 80.

8 Zu Herkunft und Problematik dieses Begriffs vgl. die Studie von M. Theunissen, Selbstverwirklichung und Allgemeinheit, Berlin–New York 1982. Theunissen zeigt, dass ursprünglich mit Selbstverwirklichung „die Vorstellung einer Entfaltung der je eigenen Individualität" gemeint ist (2). Damit verbindet sich aber im nachhegelschen Denken mehr und mehr die Meinung, „der Mensch könne diese seine Individualität nur entfalten, wenn er sich aus gesellschaftlichen Verhältnissen löst oder sich gar von allen zwischenmenschlichen Beziehungen zurückzieht" (ebd). Dieser negative Aspekt des Selbstwerdens ohne, ja gegen „das andere" (und die anderen) wird verständlich, wenn man bedenkt, dass sich damit der Einzelne gegen seine gegenwärtige Funktionalisierung zur Wehr setzt: „Ich will mehr und anderes sein als das, was ich in meiner sozialen Funktion bin" (3). Das Individuum will sich mit dem Programmwort Selbstverwirklichung emphatisch einen Freiraum gegen schlechte Fremdbestimmung sichern. Doch wird dabei die Entfaltung der Individualität nicht selten als „Entfaltung von Macht, als ein Prozess, in welchem der einzelne durch Abwendung von den anderen sich vor allem seiner selbst bemächtigt" verstanden (47 f). Wo dies geschieht, wird übersehen, dass ich auch und gerade in meiner

Selbst-Verwirklichung „Allgemeinheit" realisieren muss, das heißt, dass ich mich zwar je subjektiv, aber doch auch als Mensch (und als Christ) zu verwirklichen habe. Zwar ist das, was diese „allgemeine Vorgabe" Menschsein heißt, außerhalb des christlichen Glaubens fraglich geworden, und das, was Christsein besagt, ist nicht einfach identisch mit einem fixfertigen kirchlichen Programm. Gerade deshalb aber bin ich auf „die anderen" verwiesen, um zu vernehmen, was Menschsein und Christsein bedeutet und an Herausforderung an mich besagt. Mehr noch, ich muss es vom Wort Gottes her gesagt bekommen und hören, was im Prozess meiner Selbstverwirklichung an „Allgemeinheit" von mir zu realisieren ist. Darum kann Selbstverwirklichung, schon philosophisch gesehen, nicht geschehen im Horizont reiner Selbstbezogenheit.

9 H. U. v. Balthasar, Jesus nachfolgen – arm, ehelos, gehorsam = Antwort des Glaubens 27, Freiburg i. Br. 1982, 5.

10 Vgl. K. Hemmerle, Berufungspastoral um die Jahrtausendwende, in: Berufung. Zur Pastoral der geistlichen Berufe, 24 (1986) 15. Siehe auch für das Folgende.

11 Siehe dazu F. Wagner, Berufung III, in: TRE 5, 689 ff. Vgl. auch für das Folgende.

12 H. U. v. Balthasar, Christlicher Stand, Einsiedeln 1977, 323.

13 H. U. v. Balthasar, Theodramatik, Bd. II/2, Einsiedeln 1978, 131 u. ö. Zur Thematik vgl. auch besonders Höffner, Berufung 57 ff.

14 H. U. v. Balthasar, Berufung. Theologische Meditation (= PWB Sonderdrucke), Freiburg i. Br. o. J., 16.

15 Höffner, Berufung 61 ff.

16 K.-H. Menke, Das Kriterium des Christseins, Regensburg 2003, 185. Siehe dazu auch G. Greshake, Auferstehung der Toten, Essen 1969, 189–208.

17 M. Buber, Werke, Bd. II, Heidelberg–München 1963, 1031 f.

18 C. Tresmontant, Biblisches Denken und hellenische Überlieferung, dt. Düsseldorf 1956, 48.

19 Auf dieser Linie spricht die Hl. Schrift oft von der „Reue Gottes", mit der dieser sich seiner ursprünglichen Pläne „leid sein lässt", weil der Mensch anders als zuvor angenommen reagiert. Siehe dazu die schöne und äußerst aufschlussreiche Untersuchung von Jörg Jeremias, Die Reue Gottes, Neukirchen-Vluyn [2]1997.

20 K.-H. Menke, Jesus ist der Sohn Gottes, Regensburg 2008, 516.

21 A. Mitscherlich, Auf dem Weg zur vaterlosen Gesellschaft, München 1963, 256.260.

22 D. Sölle, Phantasie und Gehorsam, Stuttgart–Berlin [2]1968, 13.

[23] Die enge Verknüpfung von Gehorsam als Lebenshingabe und Dienst auf der einen und Gehorsam als „Hörsamkeit" auf der andern Seite geht auch aus der doppelten Fassung hervor, in der uns Ps 40,7–9 tradiert ist. In der oben angeführten Stelle aus dem Hebräerbrief ist die griechische (LXX) Psalmenüberlieferung zitiert. Hier heißt es: „Einen Leib hast du mir geschaffen ..." In der hebräischen Textform von Ps 40 dagegen lautet der gleiche Vers: *„Ein Gehör hast du mir geschlagen ... "* Das heißt: Gott hat uns Ohren gemacht, Ohren des Leibes und des Geistes; er hat sie buchstäblich aus uns „herausgeschlagen", wie man eine Plastik aus festem Baumholz herausschlägt, damit wir aus dem verschlossenen Binnenraum unseres Selbst „heraus-kommen", um das Werben seiner Liebe zu hören und ihm die Antwort geben zu können: „Ja, ich komme, deinen Willen zu tun." So hat Gott uns beides bereitet: ein Gehör, um sein Wort zu vernehmen, und einen Leib, d. h. ein Leben, das wir ihm übergeben können.

[24] Dabei ist nach einer Reihe von Exegeten durchaus offen, ob Jesus nur den ersten Psalmvers von Ps 22 oder eher den ganzen Psalm gebetet hat, der in die Haltung vorbehaltloser Hingabe einmündet. So würde auch die lukanische Überlieferung der letzten Worte Jesu nicht weit von der markinischen entfernt sein: „Vater, in deine Hände lege ich meinen Geist" (Lk 23, 46). Auch das Missverständnis der unter dem Kreuz Stehenden („Er ruft Elija": Mk 15,35) würde eine plausible Erklärung finden. Wenn Jesus, ganz auf der Linie von Ps 22,11 als Letztes gerufen hat· „Eli 'atta" – „Du bist mein Gott!", so war der Ruf phonetisch leicht verwechselbar mit „Elia' ta'" – „Elija, komm!" Zum exegetischen Befund vgl. besonders X. Léon Dufour, Face à la mort. Jésus et Paul, Paris 1979, 145 ff.

[25] Jes 43,1 bezieht sich zwar auf Israel als Gottesvolk, nicht auf den einzelnen Glaubenden. Doch wird schon in Jes 45,4 die gleiche Formulierung auf einen einzelnen (Kyros) bezogen. Darüber hinaus gilt ganz allgemein, dass gegen Ende der atl. Zeit Aussagen, die ursprünglich auf Israel als Ganzes bezogen sind, dem je einzelnen Glaubenden gelten.

[26] S. Kierkegaard, Die Krankheit zum Tode, Jena o. J., 91.

[27] K. Demmer, Gottes Anspruch denken. Die Gottesfrage in der Moraltheologie = SthE 50, Freiburg (Schweiz) 1993, 118.

[28] Zur Frage der Illusionen im Suchen des Willens Gottes vgl. M. R. Jurado, Il discernimento spirituale, it. Cinisello Balsamo 1997, 51–57 (Lit.).

[29] Näheres dazu bei Jurado, discernimento 58–65 (Lit.).

[30] G. v. Rad, Weisheit in Israel, Neukirchen-Vluyn 1970, 87.

[31] So: R. Knierim, Cosmos and History in Israel's Theology, in: Horizons in Biblical Theology, hg. v. U. Mauser, Pittsburg u. a. 1961, 91.

[32] v. Rad, Weisheit 113.

[33] G. Bornkamm, Jesus von Nazareth, Stuttgart [8]1968, 108.

[34] H. U. v. Balthasar, Theologik I: Die Wahrheit der Welt, Einsiedeln 1985, 265.268 mit Hinweis auf Thomas v. Aquin, De Ver. 8,3 ad 18.

[35] Siehe besonders W. Kern, Zur theologischen Auslegung des Schöpfungsglaubens, in: MySal II, 467–494 (Lit.); H. U. v. Balthasar, Herrlichkeit, Bd. II, Einsiedeln 1962, 288–311.

[36] Bonaventura, Itinerarium I,15 (Op.Omnia V, 299).

[37] Näheres dazu bei H. M. Nobis, Buch der Natur, in: HWPh I, 957–959 (Lit.).

[38] Anselm v. Canterbury, Monologion 33 (ed. Schmitt I, 53).

[39] So: Thomas v. Aquin, ScG IV, 13.

[40] Das Wort ist belegt und kommentiert bei O. Bayer, Schöpfung als „Rede an die Kreatur durch die Kreatur". Die Frage nach dem Schlüssel zum Buch der Natur und Geschichte, in: EvTh 40 (1980) 316–333.

[41] Nikolaus v. Cues, Excitationes 3, Basel 1565, 411 f, zit. nach H. de Lubac, Glauben aus der Liebe („Catholicisme"), dt. Einsiedeln 1970, 405.

[42] M. Oraison, Was ist Sünde?, Freiburg i. Br. 1982, 66.

[43] Siehe dazu Jurado, discernimento 155–165 (Lit.).

[44] H. Schaller, Wie finde ich meinen Weg?, Mainz 1986, 31.

[45] Zu diesen beiden kontroversen Positionen vgl. M. Schneider, „Unterscheidung der Geister". Die Ignatianischen Exerzitien in der Deutung von E. Przywara, K. Rahner und G. Fessard, Innsbruck–Wien 1983, bes. 26 ff, 79 ff; M. Scheuer, Die Evangelischen Räte, Strukturprinzip systematischer Theologie bei H. U. v. Balthasar, K. Rahner, J. B. Metz und in der Theologie der Befreiung, Würzburg [2]1992, 117 ff.

[46] Siehe dazu auch G. Greshake, Die Wüste bestehen. Erlebnis und geistliche Erfahrung, TB, Kevelaer 2004, 56–64.

[47] Siehe dazu W. Lambert, Die wichtigste Viertelstunde des Ignatius, in: Korrespondenz zur Spiritualität der Exerzitien 28 (1978) 35–45.

[48] H. Spaemann, Christliche Konsequenzen, in: Christ in der Gegenwart 31 (1979) 352.

[49] ebd.

[50] Siehe dazu M. McNamara, Kriterien zur Unterscheidung wahrer und falscher Prophetie in Israel, in: Conc. 14 (1978) 568–574. – Die wichtigste Lit. zur „Unterscheidung der Geister" ist zusammengetragen bei M. Schneider, Unterscheidung der Geister, Innsbruck–Wien 1983, 20–22. Danach: Jurado, discernimento; C. Roth, Discretio spirituum. Kri-

terien geistlicher Unterscheidung bei Johannes Gerson, Würzburg 2000, 30–60; M. Schlosser (Hg.), Die Gabe der Unterscheidung, Würzburg 2008; A. Keller, Vom guten Handeln. In Freiheit die Geister unterscheiden = Ignatianische Impulse 45, Würzburg 2010.

[50] G. Switek, Unterscheidung der Geister – biblische Grundlage und geschichtliche Entwicklung, in: Ordenskorrespondenz 18 (1977) 59–70, hier: 64.

[51] „Omniumque namque virtutum generatrix, custos moderatrix discretio est": Johannes Cassianus, Conlationes II, 4, 4 (SC 42, 116).

[52] Switek, Unterscheidung 65.

[53] Näheres bei F. Dingjan, Discretio. Les origines patristiques et monastiques de la doctrine sur la prudence chez saint Thomas d'Aquin, Assen 1967, 101 f.

[54] Siehe dazu Chr. Benke, Unterscheidung der Geister bei Bernhard von Clairvaux = SSSTh 33, Würzburg 1991.

[55] Die Lit. dazu ist immens. Siehe vor allem Schneider, Unterscheidung sowie neuestens Keller, Vom guten Handeln, besonders ab 59.

[56] Switek, Unterscheidung 66.

[57] Keller, Vom guten Handeln stellt eine Fülle von solchen „Bewegungen der Seele" zusammen, wie sie in verschiedenen Zusammenhängen bei Ignatius angeführt werden, z. B. Gewissensangst, Traurigkeit, Verfinsterung der Seele, Unruhe, Trägheit, innere Freude, Zuwachs an Glaube, Hoffnung und Liebe, Mut, Kraft, Ruhe u. a.

[58] Ergänzend ist freilich darauf hinzuweisen, dass die geistliche Unterscheidung bei Ignatius nicht ausschließlich über die sorgfältige Beobachtung der genannten „Seelenbewegungen" erfolgt. Er kennt vielmehr drei verschiedene „Wahlzeiten", d. h. drei unterschiedliche geistliche Situationen, in denen die oben erwähnte „Lebenswahl" zu treffen ist. Orientiert sich die sog. zweite Wahlzeit an den Seelenbewegungen, so ist die erste Wahlzeit davon geprägt, dass sich jemand mit einem „Trost ohne [vorausgehende] Ursache" zu einer bestimmten Entscheidung gedrängt fühlt. Solcher Trost ist nach Ignatius aus sich heraus eindeutiges Zeichen für das alleinige Handeln Gottes, da nur der Schöpfer selbst ohne geschöpfliche Ursachen in der Seele handeln kann. Weiß man aber so genau, ob der erfahrene Trost wirklich ohne Ursache ist oder ob dieser nur un- bzw. unterbewusst ist? In der dritten Wahlzeit verspürt der Mensch keine besonderen Regungen in sich, auf die es zu achten gilt. Muss jemand in einer solchen Situation dennoch eine Entscheidung vor Gott treffen, verweist Ignatius ihn auf den Gebrauch seiner Vernunft.

[59] zit. nach Schlosser, Unterscheidung 162.

[60] Eine unbedingte Sicherheit ist damit auch dann nicht garantiert. Denn da niemand *mit Sicherheit* wissen kann, ob er in der Liebe Gottes steht, kann er auch den Ruf der Liebe nicht mit einer Sicherheit, der nichts Falsches unterliegen kann, entgegennehmen. So die verbindliche Lehre des Trienter Konzils: DS 1534. Siehe dazu auch Jurado, discernimento 115 mit Verweis auf Thomas v. Aquin, In I sent 17, 1, 4c.

[61] Jurado, discernimento 32.

[62] Weisung der Väter, hg. v. B. Miller, Freiburg i. Br. 1965, 15.

[63] Heinrich v. Friemar, Traktat über die Unterscheidung der Geister, hg. v. R. G. Warnock / A. Zumkeller, Würzburg 1977, 154.

[64] Ch. de Foucauld, Der letzte Platz, Einsiedeln [3]1960, 52.

[65] Im griechischen Text steht hier νοῦς, ein Wort, das wohl kaum, wie die Einheitsübersetzung es tut, mit „Geist" zu übersetzen ist. Sinn/Gespür *Christi* ist sowohl als Genitivus subjectivus wie objectivus zu verstehen: Der Christ hat den Sinn *für* Christus und – auf Grund des von ihm empfangenen Heiligen Geistes – auch den Sinn (das Gespür) *wie* Christus.

[66] Vgl. Keller, Vom guten Handeln 82f.

[67] aaO. 156.

[68] De imitatione Christi III, 54, 2, Rom–Tournai–Paris 1946, 153f.

[69] Benedikt XVI., Glaube und Vernunft. Die Regensburger Vorlesung, Freiburg i. Br. 2006, 20.

[70] Heinrich v. Langenstein, „Unterscheidung der Geister", hg. v. Th. Hohmann, Zürich–München 1977, 64.

[71] ebd. 76.

[72] H. U. v. Balthasar, Klarstellungen. Zur Prüfung der Geister, Einsiedeln 1971, 22.

[73] Hugo v. St. Viktor, Über die Meditation (SC 155), Paris 1969, 52f.

[74] aaO. 66.

[75] Vgl. G. Schulz / J. Ziemer, Mit Wüstenvätern und Wüstenmüttern im Gespräch, Göttingen 2010, 145.

[76] Siehe dazu den schönen Aufsatz von J. Sudbrack, „Richtet nicht!" Eine alte aszetische Weisheit und mehr als dies, in: J. Kremer u. a. (Hg.), Neues und Altes, Freiburg i. Br. 1974, 55.81.

[77] Weisung der Väter 135.

[78] Johannes Gerson, zit. nach M. Schlosser (Hg.), Gabe 166.

[79] Auch dieser Punkt verdiente bei der geistlichen Beurteilung von Medjugorje eine größere Aufmerksamkeit. So räumten die ersten Visionäre dem Bischof gegenüber ein, sie seien (vor der 1. Erscheinung) heimlich *zum Rauchen* auf den späteren „Erscheinungshügel" gegangen (etwas, was in der dortigen Gegend für Mädchen ihres Alters als streng verboten galt, ganz abgesehen davon, dass man nicht einmal überprüft hat,

was das für ein „Rauchen“ war. Drogen?). Einige Monate später lautete die Aussage der Seher jedoch, sie seien *zum Rosenkranzbeten* auf den Berg gegangen. Denn mittlerweile hatte der Gemeindepfarrer Zovko in die „Seher“ vieles hineingelegt und hineininterpretiert, so z. B. das Grundmuster der Erscheinungen in Lourdes, zu dem eben ein solches Rosenkranzbeten gehörte. Auch das Nichteintreffen von vorausgesagten Phänomenen („letzte Erscheinung“, „großes Zeichen“) müsste man ja doch wohl zu dem rechnen, was Gerson „in die Irre führen“ nennt. Siehe die Belege dazu bei I. Zeljko, Marienerscheinungen – Schein und Sein aus theologischer und psychologischer Sicht: dargestellt am Beispiel der Privaterscheinungen in Medjugorje, Hamburg 2004, besonders: 54, 124–189, 290 ff, 364 ff.

80 Johannes Gerson, hier zit. nach Schlosser, Gabe 163 f.

81 A. Görres / K. Rahner, Das Böse, Freiburg i. Br. 1982, 104.

82 ebd. 105.

83 Weisung der Väter 220.

84 Heinrich v. Friemar, aaO. 160.

85 Ignatius v. Loyola, Geistliche Übungen, hg. v. P. Knauer, Graz u.a. 1978, 139, Nr. 329.

86 Vgl. ebd. Nr. 186.

87 H. Schaller, Wie finde ich meinen Weg?, Mainz 1986, 100 f.

88 Vor einem solchen „Gleichtun“ warnt ein altenglischer Traktat über die Unterscheidung der Geister, die sog. „Wolke des Nichtwissens“, mit eindringlichen Worten: „Schau, dass du kein Affe bist, das heißt, schau, ob deine Anregungen von innen, aus der Fülle der Liebe und der Frömmigkeit des Geistes kommen und nicht etwa durch die Fenster deiner leiblichen Sinne [durch die man auf die andern blickt]“: Ph. Hodgson (Hg.), Deonise Hid Divinite and other Treatises on contemplative Prayer related to the Clud of Unknowin, London 1955, 69, hier zit. nach der dt. Übersetzung in G. Greshake/G. Weismayer (Hg.), Quellen geistlichen Lebens, Bd. II, Ostfildern ^{2}2008, 266.

89 Weisung der Väter Nr. 13.

90 Geistliche Übungen Nr. 332.

91 Weisung der Väter 215.

92 ebd. 237.

93 Hugo v. St. Viktor, aaO. 58.

94 Weisung der Väter 237.

95 Vgl. auch Weisung der Väter 379: „Manche haben ihr Fleisch gekreuzigt. Aber weil sie es ohne Unterscheidungsgabe taten, ging ihr Mühen ins Leere, und sie hatten nichts davon. Unser Mund riecht vom Fasten, wir haben die ganze Schrift auswendig gelernt, von ganzem Herzen

haben wir den Psalmengesang Davids vollendet, aber das, was Gott [wirklich] verlangt, das haben wir nicht: Demut!"

96 Anonymus der „Wolke des Nichtwissens": Hodgson, aaO. 76. Dt. Übersetzung nach Greshake/Weismayer 271.

97 Spaemann, Konsequenzen 352.

98 Weisung der Väter 15.

99 Ein Beispiel dafür ist der sel. Charles de Foucauld, den sein Geistlicher Vater, Abbé Huvelin, kaum „an der Kandare" halten konnte, so wechselhaft waren seine Intentionen und Wege.

100 Franz v. Sales, Abhandlungen über die Gottesliebe (Theotimus), 2. Teil, Eichstätt 1960, 106 ff, hier zit. nach Schlosser, Gabe 246.

101 Weisung der Väter 231. Hier als Ausspruch des Altvaters Johannes Kolobos, der wiederum von Altvater Poimen zitiert wird, überliefert.

102 Spaemann, aaO. 352.

103 H. U. v. Balthasar, Klarstellungen. Zur Prüfung der Geister, Einsiedeln 1971, 18.

104 zit. nach H. Thielicke, Menschsein – Menschwerden, München–Zürich 1976, 181.

105 zit. nach Schaller, aaO. 128.

106 J. Bours, Der Mensch wird des Weges geführt, den er wählt, Freiburg i. Br. 1986, 11. Das Wort ist nach einer „talmudischen Paradoxie" mitgeteilt von Sch. Ben Chorin, in: Mein Judentum, hg. v. H.-J. Schultz, Stuttgart 1978, 206.

Namensverzeichnis